Couverture inférieure manquante

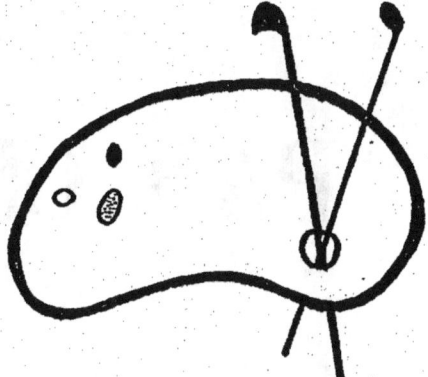

DEBUT D'UNE SERIE DE DOCUMENTS EN COULEUR

LÉO DESAIVRE

PAR VOIES
ET
PAR CHEMINS

NIORT
IMPRIMERIE COUSSILLAN & CHEBROU
Rue Yver, 5
1908

FIN D'UNE SÉRIE DE DOCUMENTS
EN COULEUR

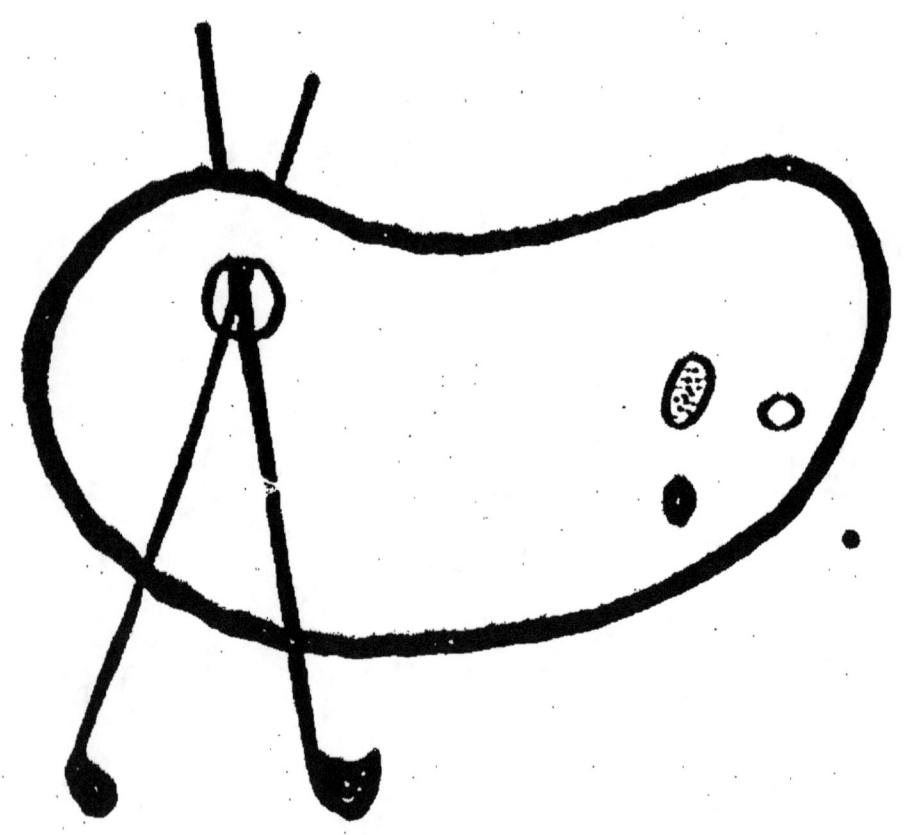

PAR VOIES & PAR CHEMINS

LÉO DESAIVRE

PAR VOIES ET PAR CHEMINS

NIORT
IMPRIMERIE COUSSILLAN & CHEBROU
Rue Yver, 5
1908

INTRODUCTION

L'idée ne nous est point venue d'étendre cette étude à l'ensemble du département des Deux-Sèvres, encore moins à tout le Poitou, travail bien au-dessus de nos forces. Elle est restée pour les chemins qui les ont remplacées au Moyen-Age, dans les limites que lui assignait le questionnaire de notre excellent cousin Alfred Richard, archiviste de la Vienne, sur les voies romaines traversant la contrée de nous la moins mal connue.

Déjà, un archiviste des Deux-Sèvres, feu Amédée Gouget, avait pensé à déterminer, à l'aide des noms que ces antiques routes portent encore et des péages féodaux bientôt établis sur leur parcours, quels furent depuis la chute de l'Empire d'Occident, les chemins suivis par les hommes de guerre et les marchands.

Quelques extraits de ses notes nous sont parvenus. On y a joint le résultat de nouvelles recherches et les renseignements fournis par de zélés correspondants. Le temps est venu de colliger ces souvenirs bien près de se perdre depuis l'extension du réseau vicinal sur de nouveaux tracés. N'avait-on pas depuis longtemps oublié ce que devenait la Bissétre, après Villiers-en-Plaine, quand M. Louis Brochet découvrit si heureusement le pont romain de l'Autise à Nieul? L'oubli n'est que plus explicable pour des chemins de moindre importance. Tous ces itinéraires ont leur histoire que nous élabocherons à peine parfois, ne songeant qu'à un timide essai, simple repère pour ceux qui s'efforcent de reconstituer les annales des centres ruraux dont le développement s'explique bien souvent par le voisinage d'un vieux chemin à long parcours.

La création des voyers féodaux est fort ancienne (1), les péages si nombreux perçus par les seigneurs avaient été établis pour l'entretien des chemins (2). On sait ce qu'il en advint, faut-il s'en étonner quand on constate l'état déplorable où la voirie royale elle-même laissait en Poitou la grande route d'Espagne au xviii° siècle ?

(1) Nous trouvons à Champdeniers un *voyer* chargé évidemment de l'entretien et de la police des chemins et des rues, dès le xiv° siècle, et il est probable que les revenus du *fief au voyer* ont contribué à la construction du seul pont de pierre sur l'Egrée existant à cette époque.

Albert Babeau, *Le village sous l'ancien régime*, dit, Livre I, Chap. V, que les chemins ruraux étaient entretenus (?) depuis un temps immémorial par les seigneurs et les habitants. « Au xv° siècle, on trouve dans les villages (de Bourgogne) des *Chausséurs* ou gens commis aux ponts et chaussées qui convoquent les habitants pour les faire délibérer sur les dépenses d'entretien », c'est dire que les péages étaient déjà une charge sans objet ou tout au moins insuffisante.

(2) A la fin de l'ancien régime, on divisait ces voies de communication en chemins royaux à la charge de l'Etat et en chemins particuliers dans le ressort des châtelains.

Dans le principe, les seigneurs étaient chargés de l'entretien de tous les chemins traversant leur territoire. On leur avait accordé, dans ce but, les droits de péage, bornage, traverse, etc.

La création de la voirie royale amena la suppression des péages seigneuriaux destinés à l'entretien des chemins que l'Etat prenait à sa charge et même successivement la plupart des autres péages seigneuriaux, devenus purement onéreux et sans profit pour les populations, avaient été abolis.

Cependant le réseau royal était loin de comprendre tous les chemins de grand parcours, indispensables aux transactions commerciales. Aussi vit-on parfois les marchands qui les pratiquaient n'ayant rien à espérer, ni des seigneurs, ni des Intendants, requérir directement l'intervention royale (Tocqueville, 8° édition, 377).

Nous croyons que les ponts établis sur les chemins ruraux qui servaient au transport des troupes étaient entretenus par les Intendants.

Cfr. *Etat de l'Election de St-Maixent en 1698* (Mém. de la Soc. de stat. des 2-S., 2° série XIII). On voit dans les procès-verbaux de l'Assemblée provinciale du Poitou (in-4°, Barbier, 1788) que les routes étaient divisées en trois classes.

Dans la première, se trouve celles de Poitiers à Bordeaux qui passe à Saint-Léger-de-Melle, Brioux et Aulnay, et de Poitiers à La Rochelle suivant le tracé actuel.

Dans la seconde, celle de Bordeaux à Nantes par Beauvoir, Niort, Oulmes, Sainte-Hermine.

Dans la troisième, celle de Niort au *port de Coulon* ; une autre de Niort à Saumur par Echiré, Champdeniers, Saint-Pardoux, Pompeyre et Parthenay, reste à l'état de projet.

SOURCES

Dom Fonteneau. Dissertation sur les voies romaines du Poitou (Mémoires de la Société des antiquaires de l'Ouest, 1re série, t. II, 1836).

Lary. Lecture au Congrès de Niort de 1840 (Mém. de la Société de statistique des 2-S, 1re série. IV).

— Notice sur quelques antiquités des environs de Niort (Ibid., V). Discours d'ouverture (Ibid., VII).

Bussière. Rapport sur deux vol. de la Soc. de stat. des 2-S. (Bull. de la Soc. des antiq. de l'O., 2e trim., 1844).

B. Fillon. Hist. de Fontenay. Poitou et Vendée : Fontenay, marais du Mazeau.

Bardonnet. Le chemin Chevaleret (Revue de l'Ouest, de Robin).

Lièvre. Les chemins gaulois et romains entre la Loire et la Gironde (Mém. de la Soc. des antiq. de l'O. 2e série, XIV).

Louis Brochet. Notice sur une voie romaine traversant Fontenay-le-Comte (Rev. illustrée des provinces de l'Ouest, 1890, t. II. La Vendée à travers les âges. Paris, Champion, 1902). Les voies romaines en Bas-Poitou (Congrès arch. de Fr., séances tenues à Poitiers en 1903. Paris, Picard, 1904. Carte générale et plan par terre du pont de Nieul). Les gallo-romains du pays de Maillezais (Vannes, impr. Lafolye, 1891 et Revue du Bas-Poitou, 1891).

Edmond Roy. Description d'armes, etc., tr. dans la Sèvre (Rev. de l'Aunis, de la Xte et du Poitou, 25 janv. 1869, 2 pl.).

Léo Desaivre. Le fronton sculpté d'Ardin (Bull. des antiq. de l'O., 3e trim. 1893, photograv.).

Abbé Proust. Le château de Saint-Pompain (Revue de l'Ouest, de Robin, du 8 avril 1858).

Le sieur de Saint-Lazarre (*C. Malingre*). Remarques d'état ou d'histoire ou description chronol. des choses les plus remarquables depuis 1610. Paris, Claude Collet, 1638.

Jean Millereau, entrepreneur. Rapport sur la navigation de la Sèvre, 1740 (Dom Fonteneau. LXXVI, 327. Catalogue imprimé, 176, pub. par M. Ernest Lévesque, généalogie Picoron).

Androuet du Cerceau. Etat des chemins du Poitou en 1611 (Arch. hist. du P., XXXI).

Itinéraire de Jean de Berry en 1374 (ibid., XIX, p. LXII).

Amédée Gouget. Notes.

I

CHEMINS GAULOIS ET VOIES ROMAINES

Chemin Chevaleret, Bissêtre, voies romaines de Saintes à Angers et de Saintes à Nantes

§ CHEMIN CHEVALERET (1)
Chemin des Sauniers venant de Poitiers (*B. Fillon*) (2)
Chemin de Poitiers à la côte méridionale du Poitou (*Lièvre*) (3)
Chemin de Poitiers à Jard (*Louis Brochet*) (4)

« Il serait utile de faire rétablir un pont où il n'y a que de méchantes pierres sur un ruisseau appelé le gué de Martigny, paroisse de Sainte-Ouenne (5), où les messagers du Bas-Poitou et autres personnes ne peuvent passer en temps d'hyver quand il pleut abondamment (6). »

« Saint-Pompain, sur la route de Poitiers au Bas-Poitou, était un lieu de station entre Saint-Maixent et Fontenny ; d'anciens bâtiments de grandes hôtelleries l'attestent, de même que l'existence d'un marché chaque semaine et de cinq foires établies depuis un temps immémorial (7). »

(1) Lary. Lecture au Congrès de Niort de 1890. Mém. de la Soc. de stat. des 2-S, 1re série, IV, 167.
(2) Poitou et Vendée. Fontenay, 7-8
(3) Lièvre. Les chemins gaulois et romains entre la Loire et la Gironde. Mém de la Soc. des antiq. de l'O., 2e série, XIV, voie XIII, 424-9.
(4) Louis Brochet. Rev. ill. des prov. de l'O., 1890, t. II, 193-204. La Vendée à travers les âges, 1902, t. I, 89. Congrès arch. de Poitiers en 1903, p. 189.
(5) Ruisseau de l'Egrée.
(6) Samuel Lévesque. Etat de l'Election de St-Maixent en 1608, pub. par Alfred Richard. Mém. de la Soc. de statistique des 2-S., 2e série, XIII.
(7) Abbé Proust, desservant de Saint-Pompain. *Le château de Saint-Pompain*. Rev. de l'O., de Robin. du 6 avril 1856, art. signé X.

Dom Fonteneau a signalé un chemin commençant à la voie de Poitiers à Saintes, à peu de distance de *Poitiers* et tendant à *Jazeneuil*, suivi par les moines de *Saint-Maixent* qui allèrent chercher à *Poitiers* le corps de saint Léger, à la fin du viie siècle (1). Rédet dit que les Sauniers suivaient encore cette voie au moyen-âge (2). Entre la Vonne et la Sèvre, le tracé de ce chemin de *Poitiers à Saint-Maixent* reste fort incertain (3). On retrouve *ce nom* de chemin des *Sauniers* (ou Saunerel) alors que cette voie sépare les communes de Rouvre et de Germond, de celle d'Echiré (4) et il est connu vers Fontenay où B. Fillon mentionne un chemin des *Sauniers* venant de *Poitiers* (5). Hâtons-nous d'ajouter que cette désignation de chemin des *Sauniers* n'a rien de spécial et la meilleure preuve qu'on en puisse donner, c'est qu'on rencontre sur le trajet de ce chemin venant de Poitiers, deux autres chemins des *Sauniers* absolument perpendiculaires à sa direction. En réalité, ce terme indique uniquement un chemin parcouru par les Sauniers et il s'en trouve partout.

Lary crut un instant, sans raison, qu'une véritable voie romaine, *la Bissètre*, n'était qu'un embranchement du chemin des Sauniers venant de Poitiers (6). Il n'en constatait pas moins, *bientôt*, à l'ouest de Saint-Maixent, la présence d'un chemin parallèle à la Bissètre, *ne traversant la Sèvre sur aucun point*. Ce chemin, n'offrant nulle part l'apparence d'une chaussée romaine, n'a pas cessé d'être considéré depuis lors comme le *seul* prolongement vers l'Ouest de la route suivie par les moines de Saint-

---

(1) Dom Fonteneau. Dissertation sur les voies romaines du Poitou. Mém. de la Soc. des antiq. de l'O., 1re série, t. II, 1835.
(2) Rédet. Dict. topogr. de la Vienne. *Jazeneuil*.
(3) Lièvre L. C.
(4) Léo Desaivre. Hist. de Champdeniers, 1819.
(5) Poitou et Vendée. L. C.
(6) Bussière. Rapport sur 2 vol. des Mém. de la Soc. de stat des 2-S. Bull. de la Soc. des antiq. de l'O., 2e trim. de 1844, p. 44 (analyse du Mém. de Lary).

Maixent allant quérir à Poitiers les reliques de leur abbé.

Lary l'avait reconnu sur un long parcours en lui res-
tituant le nom qu'il porte encore aujourd'hui. « Le chemin *Chevaleret*, dit-il, traverse les coteaux accidentés de
la rive droite de la Sèvre et paraît un chemin de hau-
teurs, c'est-à-dire *gaulois*, tandis que la *Bissètre*, suivant
les ondulations plus douces de la rive gauche, est incontestablement une *voie romaine.* »

Bardonnet n'a guère fait que développer ces conclu-
sions dans un article intitulé *Le chemin Chevaleret*, publié
vers 1856 dans la *Revue de l'Ouest*, de Robin, vainement
demandé depuis longues années aux collections publi-
ques et privées de ce journal. Il signale le passage du
chemin Chevaleret à la *Cotère de Joux*, point dominant la
Plaine dans un triangle dont le chemin Chevaleret forme
la base, au Nord ; le chemin de Béceleuf à Villiers, le
côté Est, et celui qui vient de l'île de Magné, le côté
Ouest. Nous identifierons bientôt avec la voie de *Saintes
à Angers* ce chemin des gués de la Sèvre portant encore
de Coulon à Villiers le nom de Chemin des *Sauniers* qui
fut aussi attribué à Chevaleret auquel il est perpendi-
culaire.

Bardonnet plaçait à *Joux* un temple de Jupiter (1). On
y trouve des tuiles à rebords.

Ces noms de chemin Chevaleret de Bissètre sont restés
inconnus à Fontenay. On ne les trouve ni dans l'*Histoire
de Fontenay*, ni dans *Poitou et Vendée*. Mais le chemin des
Sauniers venant de Poitiers, de B. Fillon, ne saurait être
autre chose que le chemin *Chevaleret*. D'après lui, il serait
venu par Ardin, Arty, Ardenne et Charzay pour débou-
cher finalement par l'Ouillette à la porte de Parthenay,
à Fontenay (2), ce qui est matériellement impossible vu

(1) L. Favre. Hist. de Niort, 211, n. 1.
(2) Poitou et Vendée. Fontenay, 7-8.

— 12 —

que le chemin Chevalerel est encore aujourd'hui connu à Saint-Pompain, c'est-à-dire beaucoup plus au Sud.

Pour Lièvre, Chevalerel, c'est le chemin probablement *gaulois* de Poitiers à la côte méridionale du Poitou qui devait, si l'on en juge d'après sa direction depuis Fontenay, aboutir au port de *Saint-Gilles-Croix-de-Vie* (1). M. Louis Brochet produit après Saint-Pompain la direction suivante de sa voie de *Poitiers à Jard* — ici est Chevalerel toujours — , elle aurait franchi le ruisseau de la Prouille, à Saint-Hilaire-des-Loges, et traversé la commune de Xanton jusqu'à Beauséjoil où elle se confondrait aujourd'hui avec le chemin n° 3 qui dessert Charzay et entre dans la rue des Loges à Fontenay par la porte de Parthenay (2). Nous voyons cependant, dans sa note sur le vieux pont de Nieul, que ce pont, découvert et décrit par lui, donnait passage au chemin vert de Poitiers à Jard (3), ce qui ne nous parait pas contestable. Il faut dire encore que ces deux opinions ne sont point inconciliables. Le chemin Chevalerel parait plus ancien que le pont de Nieul ; son origine *gauloise* admise, on peut croire qu'il a pu, au début, suivre l'itinéraire donné par M. L. Brochet. Enfin, le pont de Nieul construit, rien ne s'opposerait à ce qu'il y fût allé chercher un passage praticable en tout temps et eut finalement abandonné sa direction première.

Ces divergences nous ont engagé à reprendre de *visu* l'itinéraire du chemin Chevalerel à l'ouest de Saint-Maixent (4). Reconnu à Azay-Brûlé et à Cherveux, il

(1) L. G. 21.
(2) L. Brochet. Rev. ill. des prov. de l'O., 1820, t. II, 191-20*.
(3) Congrès arch. de Poitiers, 1903, p. 123.
(4) Jules Richard parle, sans rien préciser, d'un chemin des Sauniers qui, de Lusignan, Jazeneuil, Bagnault, Mougon et Niort, aurait tendu à la mer. Serait-ce un souvenir du chemin Chevalerel qui de Jazeneuil serait allé à Bagnault ? La lacune entre Saint-Maixent et Jazeneuil serait ainsi comblée. Jules Richard. *Une promenade de La Mothe à Bagnault*. Mém. de la Soc. de stat. des 2-S., 1re série, XIV.

— 13 —

coupe la ligne de l'Etat à Malvault, passe au bois de Goué (au sud du Pas Noir) (1), sépare les communes de Houvre et de Germond de celle d'Échiré (2), puis notre *Saunerel* venant de Poitiers, traverse un autre *chemin des Sauniers* qui va des Habites à Breuillon (3), avant de franchir l'Égrée au gué de Martigny, borne au nord le . Bois Picot où il coupe le chemin de Xaintray, dit sur ce point de *Coupe-gorge*, délimite les communes de Faye-sur-Ardin et de Villiers-en-Plaine — tuilés à rebords entre Coursay et la Ghelaudrie et à la Colère de Joux (4) où il coupe le chemin de *Saintes à Angers*, appelé encore *chemin des Sauniers* — c'est le 3°, — se confond après le Petit Logis avec le chemin entretenu de Béceleuf à Saint-Pompain (5) et, après avoir dépassé ce bourg, sépare jusqu'à la Chaume les communes de Saint-Hilaire et de Saint-Pompain, puis se réunissant au chemin qui vient de Villiers par Massigny, Genau et Sauveré-le-Sec — qui n'est autre que la *Rissère* comme nous le dirons plus tard — il arrive au pont de l'Autise découvert par M. Brochet (6) et les deux voies confondues tendent à Fontenay par Darfais.

(1) Ancien camp d'âge indéterminé, en partie détruit depuis peu d'années, commandant le chemin de Niort à Parthenay comme le fossé de la mère Lusène plus au nord à la limite de l'arrondissement de Parthenay.
(2) Une déclaration de 1317 lui donne sur ce point le nom de *Chemin des Sauniers* et mentionne la grande et la petite Karde ainsi que le carrefour aux *Infés*, lieu dit qui rappelle un combat (Titres du prieuré de Germond, Arch. des 2-S., doc. non classés).
(3) Ce deuxième *chemin des Sauniers* devait passer la Sèvre à cent mètres au-dessous de Guétinoreau, là où se trouve un autre gué très solidement établi, et aller ensuite à la Croix de Beaulieu où il rejoignait la *Rissère*. Au Nord, il tendait à Champdeniers par Germond.
Titre de Saint-Maxire de 1312.
Un second titre de même provenance (1350) mentionne un pré entre le pont des Habites (aujourd'hui le Chétif Pont) et le gué *Saunoyer* qui paraît être le gué de Martigny. Près de ce gué se trouvait la vieille auberge de la Voûte (XV° siècle).
(4) Voy. plus haut.
(5) O. de Rochebrune, *in* Le château de Saint-Pompain, 2 eaux-fortes, Revue du Bas-Poitou, 11° année, cite les nombreuses auberges de Saint-Pompain peu en rapport avec le transit actuel.
(6) On dit, en effet, à Saint-Pompain, que l'on va de ce lieu à la gare de Nieul-Oulmes en suivant le *chemin Chevaleret*.

— 14 —

Sans l'existence du vieux pont de Nieul, cette déviation vers le Sud serait assez inexplicable. Peut-être résulta-t-elle, comme nous l'avons déjà dit, de la construction tardive de ce pont *gallo-romain* et le chemin Chevaleret *gaulois*, ou tout au moins beaucoup plus ancien que la Bissêtre, arriva-t-il à Fontenay, à l'origine, en suivant une autre direction, comme l'a cru M. Brochet après, Fillon. On pourrait alors admettre l'itinéraire donné par M. Brochet : Ruisseau de la Prouille, commune de Xanton, Charzay, Fontenay (1).

Nous avons vu qu'en 1698 le chemin Chevaleret était encore la voie suivie par les messagers du Bas-Poitou. Alors le pont gallo-romain était détruit depuis des siècles et la déviation sur Nieul n'offrant plus aucun avantage, tout porte à croire que la voie avait choisi un tracé plus direct, celui de M. Brochet ou tout autre.

Le chemin Chevaleret fut suivi, jusqu'à l'amélioration de la viabilité rurale après 1830, par les marchands de chevaux qui se rendaient aux foires de La Mothe-Saint-Héraye, Saint-Maixent et Fontenay.

Nous ne saurions omettre de noter que le nom de *Bissêtre* est parfois donné par les habitants de la plaine au chemin *Chevaleret*. Nous n'y voyons d'autre cause que le voisinage de ces deux antiques voies, parallèles de Saint-Maixent à Fontenay (2) et le complet oubli de la voie romaine abandonnée après Villiers.

On a vu la construction du pont de l'Autise provoquer la déviation sur Nieul du chemin *Chevaleret*, par la suite des temps, l'abandon de ce passage eut pour la Bissêtre

(1) Congrès de Poitiers de 1903, 189.
(2) Ainsi s'explique l'erreur où est tombé, sur de faux renseignements, M. Mestivier, auteur d'une carte des 2-S., publiée en 1901.
Le tracé de la *Bissêtre* n'y figure nullement et le nom de *Bissêtre* est passé au chemin *Chevaleret*, situé plus au nord sur la rive droite, tandis que la Bissêtre court au sud, sur la rive gauche. Nous constaterons bientôt des confusions semblables dans la dénomination de plusieurs autres chemins.

des conséquences semblables, … n to… ce fut elle qui alla rejoindre le chemin Chevaleret c… fondre avec lui de Saint-Pompain à Fontenay, c… Chevaleret s'était confondu jadis avec la Bissêtre après Xicul.

Aujourd'hui, à Villiers-en-Plaine, personne ne doute que la Bissêtre ne soit toujours allée de ce bourg à Saint-Pompain, le tracé véritable vers le pont de Xicul reste inconnu. Ainsi s'explique l'erreur où sont tombés Lary, Charles Arnauld… et l'auteur de cette note, faute d'une étude suffisante sur les lieux.

Pourtant la route actuelle a été taillée en plein drap et l'ancien chemin de Saint-Pompain, encore figuré sur le cadastre, loin d'avoir la rectitude d'une voie romaine, fait un coude très marqué à la limite de la commune, au-dessous de la métairie des Devises, en face de Massigny, point où l'amorce d'un chemin usurpé, tendant vers Massigny, est indiquée.

Le mieux informé de tous, M. A. Pouvreau, fermier aux Moulières de Saint-Pompain, déclare que la Bissêtre est connue depuis Villiers jusqu'à la métairie des Devises, ce qui revient à dire jusqu'à l'angle du vieux chemin de Saint-Pompain.

C'est tout au plus si M. Bourdeau, ancien instituteur à Saint-Maxire et à Saint-Pompain, aujourd'hui à Usseau, a entendu dire à un vieillard, mort vers 1890, qu'une voie romaine traversait la commune de Villiers, de l'Est à l'Ouest.

L'oubli de toute tradition relative à la Bissêtre après Villiers est d'autant plus significatif que jusque-là elle reste parfaitement connue. Nous y voyons la preuve de la rupture du pont de Xicul à une époque très reculée.

BISSÈTRE OU BRISSAISE, voie romaine (*Lary*) (1)

Voie de Rom à la mer ou plutôt de Limoges à la mer (*Lièvre* après *Lary*) (2)
Voie de Limoges à Jard (*L. Brochet*) (3)

« Il est fort croyable qu'un combat a eu lieu entre Saint-Pompain et Benet, non loin des métairies de l'Epineraie et de Massigny, en un lieu qui porte encore le nom de Champ de la *Bataille*. Vers 1850, en traçant la route de Benet à Saint-Pompain, on a mis à découvert des rangées de squelettes enterrés à moins de 50 centimètres de profondeur...

« Quelque temps après, les mêmes terrassiers commencèrent à défricher les Chirons de Ninzais (4), situés au sud de la métairie de la Croix Violette, pour les transporter sur la route...

« Toute cette plaine est jonchée de ruines qui datent au moins de la domination romaine, car nous y avons fait la découverte de plusieurs monnaies. » (5)

A Lary revient l'honneur d'avoir, le premier, signalé l'existence d'une voie romaine à l'Est de Fontenay, au Congrès de Niort de 1840. La *levée de Saint-Maxire*, disait-il, se continuait à l'Est vers Breloux, à l'Ouest vers Villiers-en-Plaine. Dans tout ce parcours où elle conservait le nom de *Bissètre*, il l'avait suivie sur le terrain.

Un instant, il crut à tort, avons-nous dit, que la voie romaine par lui découverte était le prolongement du

---

(1) Congrès de Niort (1840) Mém. de la Soc. de stat. des 2-S., 1re série, IV, 167.
(2) Chemins gaulois et romains. Mém. Soc. des antiq. de l'O., 2e série, XIV, 1892.
Voie XIV, p. 449-451.
(3) Les voies romaines en Bas-Poitou. Congrès archéologique de Poitiers, 1903. Paris, Picard, 1904.
Carte et légende, 181-182.
(4) Aujourd. Nizé.
(5) Abbé Proust. Le château de Saint-Pompain.
Rev. de l'O. (de Robin), 8 avril 1858.

chemin signalé par dom Fonteneau entre Poitiers et Saint-Maixent (1), idée plus tard abandonnée.

Lary ne paraît pas avoir connu cependant le *gué d'Etrées*, à Breloux, par lequel il eut pu être assez tentant de faire embrancher la Bissètre sur le chemin Chevaleret à cause de leur voisinage et de leur parallélisme.

Sur plusieurs points de leur parcours, de vieux chemins permettaient, en effet, de passer aisément d'une voie à l'autre, et tel était celui du gué d'Etrées (2).

(1) Mém. de la Soc. de stat. des 2-S., 1re série, V, 20-29.

(2) En amont, et tout près de l'ancien gué, se trouvait le château des *Iles*, bâti comme son nom l'indique, en pleine rivière, jadis important d'après une tradition que semblaient confirmer les ruines encore apparentes, il y a peu d'années.

On a dit que comme Salbar et le donjon de Niort, il aurait été élevé pour arrêter les incursions des barques normandes, en réalité, la date de l'établissement des trois forteresses reste inconnue et il se pourrait que le château des Iles ait eu le double but de barrer la Sèvre et de surveiller le passage.

Aujourd'hui aucun chemin ne traverse le petit fleuve sur ce point, la construction du moulin d'Etrées paraît même avoir fait disparaître toute trace de l'ancien gué.

Son nom seul a survécu, il est heureusement assez caractéristique pour fixer son origine. Etrées, alias Estrées, vient de *cla strata*, terme générique laissé par le peuple roi à ses voies romaines. Le gué remontait donc aux Césars. Nul n'en doutait depuis longtemps, sans qu'on ait jamais su déterminer sûrement la direction de cette voie, la Sèvre franchie, lorsque Bardonnet fournit une nouvelle preuve de la haute antiquité du passage.

Il fut assez heureux pour retrouver aux mains d'un archéologue Niortais, feu Moncassin alors agent voyer, une pointe de javelot romain *en bronze*, provenant du *gué d'Etrées*. Les soldats de Rome avaient donc bien pratiqué ce passage, l'étymologie n'était pas trompeuse.

Ce fer de javelot absolument intact, se voit encore à Niort chez Mme Moncassin qui a religieusement conservé le cabinet de son mari. Elle offre cette particularité que la cavité de la douille pénètre jusqu'à la pointe de la feuille de saule Longueur totale 0 m. 14 dont 8 pour les ailerons et 6 pour la portion libre de la douille que fixait à la tige de bois un goujon encore indiqué par deux petits trous symétriques.

Grande largeur de la feuille de saule 0 m. 035.

Orifice de la douille 0 m. 024.

Largeur à la naissance de la feuille 0 m. 018

La voie qui passait au gué d'Etrées se jetait dans la Bissètre au sud de la Sèvre, nous dirons bientôt (voy. *Chemin Charbonnier*) que dans sa direction vers le nord, elle se confond avec le Chemin Charbonnier qui après l'avoir conduite au *Chemin Chevaleret* la prolonge jusqu'au *Chemin des Chaussées* (*village du grand Chemin de Verruyes*) point au-delà duquel nous la perdons complètement, ce qui nous porte à croire qu'elle était uniquement destinée à ouvrir une communication entre la Bissètre, le Chemin Chevaleret et le Chemin des Chaussées.

C'était, en somme, une voie de médiocre importance succédant sans doute à quelque *minus iter* antérieur à la conquête. Elle a laissé peu de traces, sa direction même resterait inconnue, si le Chemin Charbonnier ne lui avait très vraisemblablement emprunté son parcours.

— 18 —

On a reconnu, d'ailleurs, que le *gué d'Etrées* ne saurait se trouver sur le trajet de la Bissètre qui, après avoir atteint à Breloux le point saillant de la Sèvre, se poursuit à l'Est, sans traverser le petit fleuve. Ce fait a permis à Lièvre, après Lary, d'en faire avec beaucoup de raison une voie romaine de Rom, et même de Limoges, à la mer. (1)

Lary avait suivi la Bissètre jusqu'à Rom où après avoir coupé à angle droit la voie de Saintes à Poitiers, elle semblait, disait-il déjà, se diriger sur Limoges. (2)

Un acte, au rapport de Brisset, notaire à Niort, du 27 octobre 1559, cite *La Brisayse*, qui va de Chauray *à la Ville Dieu du pont de Vaux*. *La Brisaise* (sic) est encore mentionnée dans un aveu du XVIIe siècle, cette fois à Echiré. Il serait facile de la retrouver dans une foule d'autres actes, tant anciens que modernes, et même sur le cadastre actuel, car c'est un chemin partout connu de Breloux à Villiers-en-Plaine.

On la retrouve au Pairé et à Ruffigny (Breloux) (3), devant l'église de Chauray, à Bourbia, de là elle va passer à plus d'un kilomètre au sud de Saint-Gelais, puis d'Echiré (4). A Bois Brethier, tout près de son parcours, des tuiles à rebords ont été découvertes (5). Lièvre dit, sans en indiquer ses sources, qu'elle reçoit, à la croix de Beaulieu, un autre vieux chemin venant de Melle (6). De

(1) L. c. 452-454.
(2) Mém. de la Soc. de stat., 1re série, VII, 14. Discours d'ouverture, novembre 1842.
(3) Voy. pour les antiquités gallo-romaines de Breloux, Mém. Soc. de stat., 1re série, IV, 172.
(4) Champ de la Barre à Echiré, à la limite de la commune du côté de Saint-Gelais. Gisement gallo-romain et cercueils mérovingiens dans le cimetière près de l'église d'Echiré.
(5) Lary. Disc. d'ouverture, nov. 1842. L. c.
(6) L. c. 452. Si le fait est exact, il serait indiqué par le chemin *porcelier* qui va à la Croix Guillemet, à la Grange Saint-Gelais, à Chaban et à Vouillé. Son trajet ultérieur ne nous est pas connu.

Beaulieu, elle descend dans la prairie de la *Vieille Voie* où elle traverse les deux bras de la Sèvre.

Les ponts de Saint-Maxire furent coupés par Soubise, le 17 mai 1622, dans la déroute de Riez (1). Les lettres d'érection de la Châtelenie, en 1662, les mentionnent encore, toutefois leur existence à cette époque est loin d'être prouvée.

En 1740, ils étaient complètement en ruine (2), leur rétablissement ne date que d'une vingtaine d'années (1884). Des tabliers en fer remplacèrent alors le pont de bois établi vers 1860, dont les piles furent conservées. Antérieurement, on ne trouvait que de mauvaises planches pour les piétons, les charrettes passaient à gué. Le transit s'était reporté plus au nord sur le chemin Chevaleret ; dès 1698, il n'est plus parlé des ponts de Saint-Maxire (3).

L'abandon des gués de la vieille voie fut si complet que l'on vit, il y a une cinquantaine d'années. contester l'existence de tout chemin public dans la prairie de Saint-Maxire. M. Martin-Beaulieu put même obtenir gain de cause dans le procès qu'il souleva pour se faire adjuger toute la portion de l'ancienne voie romaine comprise dans la traverse de son domaine de Beaulieu. Il est permis de croire que tout autre eût été le résultat de l'affaire si l'histoire des ponts de Saint-Maxire eût été mieux connue (4).

(1) Remarques d'état ou d'hist. ou description chron. des choses les plus remarquables depuis 1610 jusqu'à présent, par le sieur de Saint-Lazarre (C. Malingre). Paris, Claude Collet, 1638, 185-7.
(2) Rapport sur la navigation de la Sèvre, par Jean Millereau, entrepreneur, arrêté à Saint-Maixent le 15 sept. 1740. D. Font. LXXVI, 327 Cat. imp. 176. Ce rapport avait été attribué à tort à Jean Picoron, pub. par M. Ernest Lévesque dans la généalogie Picoron.
(3) Samuel Lévesque. État de l'Élection de Saint-Maixent. Même soc. de stat., 2ᵉ série XIII.
(4) M. Martin-Beaulieu *oubliait sans doute* qu'il avait lui-même signalé au Congrès de Niort de 1840 « les vestiges d'un pont à Saint-Maxire ». Mém. Soc. de stat., 1ᵉ série, IV, 170.

On les eut vus conserver pendant tout le XVe siècle une véritable importance stratégique, leur éloignement de Niort les rendant difficiles à surveiller. Grâce à eux, les bandes huguenotes avaient souvent pu évoluer autour de cette ville sans crainte de la garnison.

Dès le commencement de la Ligue, Condé se porte sur Champdeniers et fait un instant occuper Saint-Maxire par le prince de Genevois avant d'engager contre Mercœur, sous les murs de Fontenay, la courte lutte à la suite de laquelle le général des Ligueurs s'enfuit honteusement en Bretagne.

Après la déroute d'Angers, les compagnies de Laval et de La Boulaye, voulant éviter Niort, se présentent à Saint-Maxire. On était alors au commencement de novembre (1585), la crue des pluies d'automne venait d'emporter les ponts, les huguenots les rétablissent à la hâte et vont loger à Fors.

La guerre reprend en 1587. Joyeuse arrive en Poitou avec l'armée royale, surprend la faible garnison de La Mothe-Saint-Héraye et emporte Saint-Maixent. On le trouve le 17 juillet à Boisragon, le 7 août il écrit de *Saint-Messire* à Marie de Bastarnay, sa mère. Le siège de Fontenay entre dans ses projets, mais il ne peut l'entreprendre avec les moyens dont il dispose. En attendant, il prend position sur l'un des chemins qui conduisent à la capitale du Bas-Poitou, etc., etc.

On trouve quelques tuiles à rebords à Forges et à Saint-Maxire où un gisement gallo-romain assez important existe au bas du cimetière actuel. Le cimetière primitif, qui s'étendait au loin au nord de l'église, a fourni une pierre de petit appareil à losanges emboîtés (1), un

(1) Arêtes de poisson.

vase au type de la citerne de Saint-Savin et un fragment d'inscription carlovingienne (1).

Lary avait remarqué le remblai continu de la Bissêtre entre Saint-Maxire et Villiers. Ce ressaut, dit-il, atteint parfois jusqu'à deux mètres, presque partout couvert de gazon, il en a pris le nom de *Chaume*, les gens du pays le prenaient pour un ancien rempart. Enfin, toujours d'après Lary, la Bissêtre, au sortir de Saint-Maxire, aurait porté le nom de chemin des Justices (2).

On dit à Villiers que la Bissêtre va en Espagne (3) et à Rome (4) et fait le tour du monde (5). On l'appelle aussi chemin des *Rue tu tu*, nom donné aux conducteurs de caravanes de petits chevaux, de mulets et de mularis (6) qui transportaient sur leurs crochets le charbon *rondin*, les lattes et la terre grasse à blanchir de la Gâtine (7).

Après Villiers, on rencontre une plaine fertile dont presque tous les chemins, détruits par la culture, ne figurent déjà plus sur le cadastre que par leurs seules amorces, la vieille voie romaine elle-même a complètement disparu sur une portion d'ailleurs assez restreinte de son parcours. Cette lacune et surtout le changement de direction que durent subir les voyageurs après la destruction du pont de Nieul, à une époque fort reculée,

(1) Un cimetière franc existe dans la vallée de l'Egrée au tènement de Champ Berneau Bull. de la Soc. de stat. (Léo D.), III, 46, pl. (Sadoux).

(2) J'ai vu le relief dans ma jeunesse, il est encore manifeste sur plusieurs points de la route actuelle qui a nivelé l'ancienne voie romaine creusée de profondes ornières. Un relief semblable existe sur le chemin des Chaussées, commune de Saint-Georges-de-Noisné.

(3) Parce qu'elle était suivie par les marchands de mules, d'Espagne.

(4) S'agit-il de Rom (2-S.) ou de Rome ?

(5) Cela se dit d'autres voies romaines.

(6) Hybride du cheval et de l'ânesse que l'on n'élève plus aujourd'hui ; c'étaient des bêtes de rapine et leurs maîtres valaient encore moins.

Rue tu tu était une invitation à l'animal de se défendre que les Retaillons répétaient sans cesse. On les nommait ainsi du village du Retail voisin de la forêt de Secondigny.

(7) Ces caravanes se portaient parfois en dehors des grands chemins. D'elles sans doute le *sentier aux ânes*, entre les Hoptoleries et Ternanteuil, a pris son nom. C'était ce qu'on appelait une adresse ou voie plus directe. Le sentier aux ânes délimite un instant Saint-Maxire.

— 22 —

n'ont pas peu contribué à faire oublier l'ancien tracé et à persuader à tous que la Bissètre avait *toujours* tendu vers Saint-Pompain.

Lièvre cependant observe qu'il est plus rationnel de porter la Bissètre directement à l'ouest, par Massigny, Cenan et Sauvéré-le-Sec, que de la conduire à Saint-Pompain pour la faire descendre ensuite au gué de Xanton (1).

M. Brochet trouve, de son côté, que le pont par lui découvert à Nieul a trop d'importance pour n'avoir pas desservi une *voie romaine*, titre auquel ne saurait prétendre l'humble chemin Chevaleret (2). Enfin, nous verrons bientôt que peu s'en fallut que Lary lui-même arrivât à la solution du problème.

Revenons à son tracé qui de Saint-Pompain nous a conduits au gué de Xanton :

« A quelques centaines de mètres au-dessus de Xanton, il existe un gué qu'on appelle aujourd'hui le *gué des Brouettes* et qui, selon la tradition, aurait pris la place d'un ancien pont, là vient aboutir la Bissètre après avoir traversé Villiers, Saint-Pompain et Bertet. L'Autise franchie, elle gravit en ligne droite la colline opposée où elle a laissé, sur une longueur de 300 mètres, des traces bien reconnaissables que les habitants appellent le *vieux chemin de Vouvent*, mais ces vestiges disparaissent bientôt sous le travail de la charrue jusqu'au point où la voie, réunie au *chemin des Justices*, qui part du centre même du bourg de Xanton, continue à se diriger du côté de Vouvent (3). Dans ce trajet d'un demi-kilomètre, elle est complètement effacée, mais elle continue à figurer sur le cadastre. »

(1) L. c. 453, Lary faisait passer l'Autise par la Bissètre à Xanton.
(2) Rev. ill. des prov. de l'O., 1860, t. II, 197.
(3) Soubise aurait-il suivi ce chemin des Justices quand, pour échapper aux garnisons de Fontenay et de Niort, il passa la Vendée à Pissotte et la Sèvre à Saint-Maxire ? Quoi qu'il en soit, il est évident qu'il vint à Saint-Maxire par la Bissètre.

Ainsi, pour Lary, la Bissêtre va à Vouvent ??

L'ancien Principal du Collège de Niort avait cependant remarqué que, « sur le chemin de Villiers à Nieul, on voit *près de Massigny* une *chaume* de 200 mètres de longueur sur une largeur de 15 » (1). Il ajoute même : « Serait-ce un embranchement de la Bissêtre pour gagner le Bas-Poitou et le promotorium Pictonum. » (2)

Un autre bon mouvement et la question était jugée, mais, pas plus que Fillon après lui, Lary ne songeait à mener une voie romaine là où devait s'élever *beaucoup plus tard* la ville de Fontenay. Il faudrait pourtant bien remarquer que la Bissêtre, avant tout *rectiligne*, comme il convient à un chemin de grand parcours, loin de tendre vers des centres habités, les évite plutôt pour ne pas allonger son tracé. Sa direction seule l'a conduite à traverser la Vendée sur ce point et non ailleurs et sa présence ne prouve nullement que ce lieu eut beaucoup d'habitants.

Cette autre *chaume*, si semblable à la Bissêtre entre Saint-Maxire et Villiers, existe encore telle que Lary l'avait observée à cela près qu'on l'a recouverte de macadam. Elle commence à la métairie de la Croix Violette et se confond avec le seul chemin qui tende aujourd'hui de Villiers à *Nieul* par Cenan et Sauveré-le-Sec.

La Croix Violette confine au sud avec les Chirons de Nizé dont nous avons pu constater l'origine *gallo-romaine* indéniable malgré leur destruction presque complète pour l'empierrement des chemins (1907) (3). On y découvrit une meule à bras en granit l'hiver, dernier (1906).

---

(1) Il faut se souvenir pour bien comprendre ce qu'il a voulu dire qu'il donne ce nom de *chaume* au ressaut gazonné formé par la Bissêtre entre Saint-Maxire et Villiers.

(2) Notice sur quelques antiquités des environs de Niort. Mém. de la Soc. de stat., 1ᵉ Série, V, 20.

(3) Nous avions exploré une première fois les Chirons de Nizé avec feu Edmond Roy en 1855, époque où ils s'étendaient encore sur une énorme surface.

Un hypocauste fut mis à nu lors de l'ouverture du chemin de Saint-Pompain à Benet, vers 1850. Enfin, l'abbé Proust avait trouvé dans cette plaine d'intéressantes monnaies (1). La chaume de la Croix Violette traverse donc une *région* franchement gallo-romaine.

Les nombreuses traces d'habitations qu'on y rencontre prouvent que cette plaine aujourd'hui si désolée était beaucoup moins sèche *avant le déboisement de la butte de Lesson*. Des sources abondantes, appelées les *Maillons de Massigny*, alors sans doute pérennes, apparaissent encore l'hiver, et les années de grandes pluies, une large nappe d'eau descend jusqu'à Saint-Maxire. Les puits de Villiers dégorgent. On vit même, en 1657, l'église envahie (2).

Jadis, sur l'autre versant, un ruisseau coulait toute l'année depuis la faille de Cenan jusqu'à la vallée de l'Autise, son nom est encore connu, il s'appelait *Le Poléon*. Après les Maillons, le Poléon disparut à son tour et la profondeur des puits de Massigny devint légendaire (3).

Si Lary mieux inspiré eut pensé à tirer parti de la découverte de la *chaume de Massigny*, rien de plus facile que d'y conduire la Bissêtre à travers cette plaine de Villiers où elle a été si longtemps perdue, en lui faisant suivre l'ancien chemin de Saint-Pompain *jusqu'au coude* qu'il forme au-dessous de la métairie des Devises (4), il y eut remarqué sur le cadastre l'amorce d'un chemin se dirigeant à l'ouest, c'est-à-dire vers Massigny, aujourd'hui complètement *disparu*. Le cadastre encore lui permettait, malgré la lacune, de déterminer le tracé de la Bissêtre à

(1) De là provenaient sans doute encore les monnaies romaines soi-disant trouvées à Saint-Pompain, données à la Société de statistique en 1857 par feu Henri Schmitt, agent voyer en chef des 2-Sèvres.

(2) État civil de Villiers, fait consigné en marge du registre.

(3) Grâce aux progrès agricoles, il semblerait que le niveau de la nappe liquide tende à se relever. Les puits de Massigny n'ont plus que 40 pieds, ce qui n'a rien d'exceptionnel dans un pays de plaine.

(4) Nous avons déjà dit que M. Pouvreau, des Moutières, l'avait reconnue jusque-là.

l'ouest du vieux chemin de Saint-Pompain, en lui donnant le tènement du *Champ du Gué*, situé juste dans la direction cherchée, vers Massigny. De gué, il ne saurait, en effet, s'en trouver dans une plaine aride et sans eau, ce ne peut donc être que celui de l'Autise où fut construit le vieux pont de Nieul, vers lequel tendait la Bissètre.

Nous y avons déjà conduit le chemin qui fait suite à la chaume de Massigny ; on a vu aussi comment le chemin Chevaleret se réunissait à la Bissètre avant d'arriver au pont et, l'Autise franchie, les deux voies confondues arriver à Fontenay par Darlais.

Chose curieuse, la vicinalité actuelle vient de rétablir cet antique état de choses, circonstance qui ne dut pas être étrangère à la découverte du vieux pont de l'Autise.

Il résulte du plan fourni par M. Brochet que ce pont à deux arches et solidement établi n'avait que *six pieds de largeur* (1). Il est bien probable cependant qu'on n'en fit pas la dépense uniquement pour les piétons et les cavaliers et cela nous conduirait à croire que les véhicules d'alors avaient une voie plus étroite que ceux d'aujourd'hui. Sans doute s'agissait-il de charrettes à quatre roues comme on en voit encore en plusieurs provinces.

Nous avons vu le chemin Chevaleret usurpant le nom de la *Bissètre* dans la plaine au nord de Villiers. D'autre part, le petit quartier formé par les maisons en bordure de la route de Saint-Maixent, au sortir de La Mothe-Saint-Héray, est dit de la *Brisette*. Alfred Richard a relevé ce nom de Brissette sur des titres très anciens. Ces maisons se trouvent sur l'ancienne voie romaine de *Rom à Nantes* — chemin des Chaussées. — Il n'est pas sans analogie avec celui de la voie romaine qui passe à Saint-Maxire,

---

(1) Dom Fonteneau avait déjà signalé un autre pont gallo-romain très étroit sur la Charente. Mém. des antiq. de l'O., 1re série, t. II. p. 105.

La Bissêtre. Nous y voyons un argument de plus en faveur de l'opinion de Lary qui fait dériver Bissêtre de *via strata*, d'où sont venus *Estrées* et tous ses dérivés, car à La Mothe il s'applique à une autre voie romaine et parait offrir, dès lors, une désignation commune *aux deux chemins*.

On verra que nous admettons l'origine gauloise du chemin Chevaleret et de la voie de Saintes à Angers, pour nous encore la Bissêtre est l'une des dernières voies romaines construites en Poitou quoique elle ait laissé des traces autrement évidentes que celle de Saintes à Angers dont l'itinéraire reste, pour cette raison, assez difficile à fixer.

VOIE DE SAINTES A ANGERS [1]
Jugée de Saintes à Angers du temps de Lary [2]

« Autrefois la ville d'Ardennes (Ardin) allait jusqu'à Fontenay. »

(*Tradition recueillie par feu M. Michaud, instituteur, natif de Béceleuf.*)

Lary a relevé avec exactitude le tracé de cette voie, des gués de la Sèvre à Saintes, mais parait avoir été moins heureux dans ses recherches au nord de l'île de Magné.

« Je pense, dit-il, qu'en sortant des marais et non loin de la métairie de la Perrine, la voie, laissant à gauche Coulon, se dirigeait sur Benet et arrivait à la ferme de Sainte-Catherine.

« Là, elle se divisait, la branche orientale traversait le bourg et gagnait la Bissêtre à l'entrée de Saint-Pompain,

[1] Lièvre. Chemins gaulois et romains. Mém. de la Soc. des antiq. de l'O., 2ᵉ série, XIV, voie VII, 176.
[2] Notice sur quelques antiquités des environs de Niort, Mém. de la Soc. de stat. des 2-S., 1ʳᵉ série, V, 20.

près d'une ferme qui se nommait aussi la Perrine (1) ; la branche occidentale, longeant à l'extérieur la partie méridionale de Benet, traversait la route de Fontenay près de Parigny, passait sur le territoire de l'ancienne commanderie de Cenan et se réunissait à la Bissètre en avant du château de Bertet. Au-delà, ces deux voies, désormais confondues et parfois reconnaissables à la solidité de leur assiette, longeaient l'ancien campement de Normande... »

Cependant Lary déclare un peu plus loin (2) n'avoir trouvé aucune trace de la voie de Saintes dans la plaine de Saint-Pompain.

Cette bifurcation fut peut-être cherchée dans le but de diriger l'une des branches sur Angers et l'autre sur Nantes.

Quoi qu'il en soit, un des inconvénients de ce singulier système est de ne point desservir Ardin et toute sa région gallo-romaine.

Lièvre, après avoir reconnu que la voie de Saintes pénétrait dans l'île de Magné par le gué de Malvault — ou de Mèneveau — et en sortait par le gué de Maurepas — ou de Maupasset — faute de toute étude sur le terrain, s'est contenté d'indiquer par un pointillé le trajet ultérieur jusqu'à l'Absie. Disons cependant que, sur ma demande, il s'empressa de reconnaître qu'Ardin devait être desservi par cette voie.

Le savant bibliothécaire de la ville de Poitiers place la station si discutée de Segora à Voultegon — point que nous n'avons pas à discuter — et poursuit vers Angers par les Ponts de Cé. Pour lui, cette voie romaine s'était superposée sur le chemin *gaulois* suivi par Crassus, lors-

---

(1) Lary a évidemment en vue le chemin aujourd'hui entretenu de Benet à Saint-Pompain.

(2) P. 38.

qu'au cours de la troisième campagne, il fut envoyé par César du pays des Andes dans le Midi pour contenir les Aquitains ; les découvertes d'Edmond Roy au *gué de Maurepas*, qui remontent jusqu'à la pierre éclatée ne contredisent point cette conjecture (1).

Lièvre eût pu relever, sur le cadastre de Coulon, un *chemin des Sauniers* allant de ce bourg à Villiers-en-Plaine. Feu M. Michaud, mon dévoué collaborateur, instituteur à Saint-Remi-en-Plaine avant d'exercer ces fonctions à Champdeniers, avait signalé à mon ami Léonce Cathelineau, la présence de ce chemin des Sauniers à la limite de la commune de Saint-Remi, du côté de la Vendée, et déclarait l'avoir suivi jusqu'à Villiers sans qu'il cessât de porter cette désignation qui prouve son ancienneté. C'est aujourd'hui un chemin classé dont le trajet est facile à suivre sur la carte des agents voyers. Cependant, comme il s'agit d'un nouvel itinéraire de la voie de Saintes, nous ne jugeons pas inutile de le décrire.

Du gué de Maurepas, il va passer à Malécot — nom probable d'une ancienne auberge — puis à Touvera et franchit au-dessus de Champ Moireau la route de Fontenay en servant de limite à la Vendée et aux Deux-Sèvres, ajoutons que près de ce chemin, au sud de la commune

(1) E. Roy. Description d'armes et d'objets divers trouvés dans la Sèvre. Rev. de l'Aunis, de la X° et du P., 25 janv. 1879, 2. pl.
De nouveaux objets se retrouvèrent, après cette publication, aux mains des ouvriers, d'autres avaient été oubliés dans le grenier de M. Detzem, ingénieur en chef du service de la Sèvre. On put dès lors affirmer la haute antiquité du gué de Maurepas et son utilisation au moins jusqu'au XVI° siècle. On y découvrit les restes d'un pont en bois.
Lors de l'établissement du pont du gué de Malvault (avant 1848), M. Julien Brée, maire de Magné, avait fait don à la Société de statistique d'une cotte de mailles. Autre don de fers de lance de même provenance par M. Pèvreau, en 1854. Piles de pont, en bois (analogues à celle du gué de Maurepas). Bull. de la Soc. de stat., V, 39.
Pertuisane tr. dans un fossé près du gué. Ibid., 2.
E. Roy retrouva le pré de la *Chaussée* traversé par la voie de Saintes, dans l'île de Magné, déjà signalé par Lary.
Tumulus de Val Breger dans l'île de Magné (Lary). Mém. de la Soc. de stat., 1° série, V, 39. Détruit depuis lors à une époque inconnue. Tuiles à rebords à Puysenifort (J. Brée). Cimetière des idoles près de la Chapelle de Sainte-Macrine, Susville et Sousville, Id. (Brée).

de Saint-Remi, se trouve le tènement caractéristique de la *vieille voie*. Un peu plus haut, il traverse à la Maison Neuve — tuiles à rebords — le chemin de Barassac et continue à servir de limite départementale jusqu'à ce qu'il pénètre dans la commune de Villiers.

On le retrouve au signal des Ardilliers, il effleure le bourg de Villiers à l'Est en coupant la Bissêtre et, si son nom de *Sauneret* disparaît, il reste nettement figuré sur la carte comme chemin à l'état de sol naturel. C'est ainsi qu'avant de traverser le chemin Chevaleret, on le voit former le côté ouest du triangle circonscrit par des chemins que domine la *Cotère de Joux*.

Il se continue par le moulin Marot, à l'ouest d'Epannes, puis par Chambron et traverse l'Autise au *pont d'Ardin*.

Sa direction le conduirait ensuite à la Ville Dé et il se poursuivrait parallèlement à la *Saumore* ; là, se trouvait certainement un vieux chemin très suivi car on n'y trouve pas moins de deux maisons portant le nom si significatif de la *Barre* (1). Il tendrait enfin vers l'Absie où il reprend le tracé donné par Lièvre.

Tel nous paraît avoir été l'itinéraire de la voie romaine de Saintes à Angers, dés gués de la Sèvre à l'Absie. On voit qu'il se tient à l'est de la butte de Lesson, coupe la Bissêtre à Villiers et le chemin Chevaleret à la Cotère de Joux, joignant ainsi ces deux antiques voies. Il a enfin le rare mérite de desservir Ardin, localité importante dès l'époque gallo-romaine et absolument oubliée dans les tracés fantaisistes de Lary.

Nous n'ignorons pas qu'on avait songé anciennement à tracer la voie de Saintes à Angers à l'*ouest* du cours supé-

(1) Il semblerait que ces péages féodaux dussent entraîner de la part du seigneur l'obligation d'entretenir les chemins, mais il est évident qu'il s'en acquittait fort mal d'ordinaire et cette négligence explique peut-être la variation fréquente des itinéraires. Quand un chemin devenait absolument impraticable, force était d'en choisir un autre un peu moins mauvais.

rieur de l'Autise. Pour y parvenir après avoir traversé la Sèvre à l'île de Magné, elle aurait suivi, au nord de Lesson, le chemin qui sépare Villiers de Saint-Pompain, coupé la Bissètre au-dessous des Devises et le chemin Chevaleret au niveau de Babillon, franchi l'Autise à Guilbeau, laissé à l'est Boisrateau, Saint-Goard et *Ardin*, se serait ensuite confondue avec le chemin qui sépare Ardin de Coulonges, puis aurait finalement tendu vers l'Absie par Puyhardi.

Les antiquités découvertes au *Margat*, au *champ des Quatre Noyers* et à la *Grande Église* n'avaient pas peu contribué à faire proposer cet autre tracé. On croyait alors que les premières maisons d'Ardin s'étaient groupées autour de la Grande église considérée comme le centre de l'évangélisation locale, mais le bourg d'Ardin est fort antérieur à toute évangélisation, nul même ne saurait dire ce que fut cette Grande église bâtie dans une plaine sans eau, condition peu favorable à la création du plus humble village, tandis que plus à l'Est l'antique chef-lieu de la paroisse, sur son coteau exposé au levant, avec ses belles fontaines, semblait tout naturellement désigné. Il est donc fort probable qu'Ardin n'a jamais changé de place et nous trouverons encore à cet autre tracé le grave inconvénient de ne pas aboutir à ce centre gallo-romain, le plus indiscutable de toute la région.

On a souvent dit que le territoire d'Ardin devait avoir été traversé de l'est à l'ouest par une autre voie romaine se prolongeant d'une part sur Bécelœuf, Surin et peut-être Germond, communes riches en antiquités gallo-romaines, et de l'autre vers le colonage fiscal gallo-romain que feu Quicherat plaçait à Coulonges-les-Royaux (Bardonnet) (1).

---

(1) Les notes de feu Michaud sur les gisements gallo-romains de Coulonges nous font défaut. A la Vergne de Saint-Hilaire des Loges, feu M. Charlot

Peut-être ne serait-ce point une simple hypothèse.

Plusieurs déclarations provenant des Esperon de Beauregard, donnés par nous aux archives de la Vienne, mentionnent près de Béceleuf (1) la *voye* ou *vée d'Ardin* (1646-7).

La voie d'Ardin est connue *depuis* Livernière, au sud et à peu de distance de Béceleuf, de là elle tombe bientôt dans le chemin de Saint-Maixent à Fontenay avec lequel elle se confond aujourd'hui jusqu'au *pont d'Ardin* au-delà duquel on perd sa trace. Sa direction est vers Coulonges.

A Livernière, la voie d'Ardin se trouve sur le prolongement d'un chemin sans dénomination spéciale qui tend vers Germond en passant soit par la croix de Barge, soit par la Ruffinière et la croix de la Barre du château des Mothes, pour arriver dans les deux cas à la planche des Jinchères.

VOIE DE SAINTES A NANTES
(Chemin de Charlemagne)

On a longtemps confondu, comme il a été dit, cette voie avec celle de *Saintes à Angers* reconnue de la capitale des Santons à l'île de Magné, Sa véritable direction n'a été fixée que dans ces derniers temps par MM. Georges Musset et Alfred Richard (2). Bien qu'elle n'atteigne nulle part le territoire des 2-S., l'erreur dont elle a été l'objet et de plus la fusion au moins probable des deux voies à leur point de départ, nous ont amené à en dire quelques mots.

---

père, de Niort, avait découvert en bâtissant sa maison de campagne et en créant un point de vue « plusieurs puits très rapprochés », des fragments de vases et des monnaies romaines et ces puits pouvaient bien être funéraires. De la Fontenelle de Vaudoré. *Recherches sur deux voies rom.* Soc. des antiq. de l'O. Bull. 3e trim. de 1841, p. 137.

(1) Le château de Beauregard est situé près de Béceleuf.

(2) Mém. de la Soc. des antiq. de l'Ouest, 2e série, XIV, 507, note.

Elle se détacherait de voie de Saintes à Angers vers Lussaud ou Taillant, sa direction ultérieure est sur Vouhé et Surgères, on la retrouve au gué d'Alleré et près de Saint-Jean-le-Livernay. Elle sort du marais à Thairé-le-Fagnoux où elle traversait la Sèvre soit à gué (1), soit au moyen d'un bac. Elle atterrissait sur la rive droite au Petit-Thairé et allait franchir la Vendée au gué de Velluire. M. Etienne Clouzot la conduit à Fontenay-le-Comte (2).

Dans la Charente-Inférieure, elle est désignée sous le nom de chemin de Saintes sur le cadastre, on l'appelle, dans la contrée *chemin de Charlemagne* (3).

En Vendée, La Fontenelle de Vaudoré avait déjà mentionné cette désignation singulière au Congrès de Niort de 1840, mais sans aucune indication topographique, et la citation venant à l'occasion de l'enquête sur les chemins du *Moyen âge*, il semblait qu'elle dût s'appliquer à un chemin de cette époque (4). L'indication se précise heureusement l'année suivante dans ses *Recherches sur les deux voies romaines de Poitiers à Angers et de Poitiers à Nantes* (5). Pour éviter toute erreur, il est bon de reproduire le passage *in extenso*.

Nous sommes sur la voie de *Poitiers à Nantes*. « Je ferai remarquer, dit La Fontenelle, que c'est dans cette portion du trajet (de Saint-Pierre-du-Chemin à Pouzauges) et lorsque la voie romaine passait à un point intermédiaire entre les bourgs de Menomblet à l'est et de

(1) Simonneau. Le chemin de Charlemagne à l'île d'Elle. Rev. Poit. et X⁰, 1891, p. 276.

(2) Etienne Clouzot. *Les marais de la Sèvre et du Lay*, p. 175 (Route de Surgères à Fontenay par le gué d'Alleré, Saint-Jean-de-Liversay et le gué de Velluire).

(3) G. Musset, *La Charente-Inférieure avant l'histoire*, 84-113. L'auteur crut tout d'abord les chemins de Charlemagne d'origine celtique, p. 142.

(4) Mém. de la Soc. de statistique, 1⁰ série, IV, 174.

(5) Bull. de la Soc. des antiq. de l'O., 3⁰ trim. de 1851, 130, XCVII.

Réaumur à l'ouest, qu'elle se rapproche le plus de Si-gournay.

« Je fais cette observation parce qu'on a pensé que la station de Segora pouvait être à Sigournay. On a pu aussi fortifier cette idée d'une induction tirée de ce que non loin de là, et tout près du château de Pouzay, on trouve un ancien chemin appelé le chemin de Charlemagne. Or, on donne parfois cette dénomination à des voies romaines. » Au Congrès de Poitiers en 1903, M. L. Brochet a donné, jusqu'au port des Sanmotes, le tracé de la voie de Saintes à Nantes (1). Il retrouve le chemin de Charle-magne se confondant avec cette voie à l'Angle de Chantonnay. Elle aurait donc très vraisemblablement porté ce nom sur tout son parcours.

Léon Geofroy, allant de La Rochelle à Nantes en 1638, va par eau de Marans au gué de Velluire où il couche pour en repartir à cheval le lendemain, en suivant sans doute, de Velluire à Nantes, l'ancien itinéraire de la voie romaine (2).

Saint-Hilaire est devenu de son côté le patron de la voie de Nantes à Poitiers (3). On sait que ces attributions mensongères sont communes partout. Le nord a ses chaussées de Brunehault, la Bretagne celles de la duchesse Anne, qui sont encore des voies romaines. Les ponts paraissent mieux garder le souvenir des Césars : Ponts de Cé sur la Loire et de Cèse, chez nous, à Épannes.

(1) Procès-verb., p. 49 et seqq.
(2) Étienne (Jouzot, l. c. 171.
Henri Clouzot, Récit d'un voyageur, « Royan », n° du 6 sept. 1902, construction du chemin de l're de Fontenay-le-Comte à La Rochelle, XVIIe 1877, eut pour conséquence l'établissement d'un pont sur la Vendée à Velluire au-dessus de l'ancien gué, par M. l'ingénieur Flachat, qui exploira à cette occasion l'ancien passage gallo-romain et y découvrit des haches en bronze et des armes romaines (L. Brochet, Congrès de Poitiers, 103, Cfr. Bull. de la Soc. de stat. des 2-S., t. III. Séance du 10 oct. 1877 (c° d'Édmond Roy).
(3) Mém. de la Soc. de stat., 1re série, IV, 102.

II

VIEUX CHEMINS D'AGE INDÉTERMINÉ

> Et quant à moi, je pense que le péage et la
> dace que nous payons aux seigneurs, passant
> sur leur territoire, se paye pour la sureté de
> nous et de nos marchandises.
>
> (Guill. Bouchet, 15ᵉ Sérée.)

CHEMIN DE NIORT A FONTENAY
(minus iter à l'époque romaine)???
Grand chemin royal de Niort à Fontenay (1)
Grand chemin de Niort à Fontenay (2)
Vieux chemin de Niort (3)

Les chemins anciens paraissent avoir été peu étudiés par Fillon. Le *chemin Chevaleret* n'est pour lui qu'un chemin des Sauniers venant de Poitiers, jamais il ne lui donne sa désignation véritable ; pour ce qui est de la *Bissêtre*, l'idée ne lui vint point qu'une voie romaine traversait la Vendée là où Fontenay devait plus tard s'élever, aussi en a-t-il complètement ignoré et le nom et l'itinéraire.

Par contre, il a été le premier à mentionner un chemin de Niort à Fontenay débouchant par Sérigny, Lesson, *Massigny*. *Sauveré-le-Sec*, *Nieul*, Cuiron (aujourd'hui Puy-le-Tard), *Darlais* et se réunissant avant d'entrer à Fontenay au vieux chemin des Sauniers venant de Poitiers (Chevaleret). Il donne même *exclusivement* à ce prétendu

(1) L. Brochet. Congrès de Poitiers en 1903. Paris, Picard, 1904, 178.
(2) Cadastre de Coulon.
(3) Cadastre de Saint-Remi-en-Plaine.

— 36 —

chemin de Niort le nom de chemin vert qui indique uni
quement un chemin à l'état de sol naturel comme il en
est tant. C'est pour lui la *principale voie ancienne à l'est*
de Fontenay (1).

M. Brochet semble avoir confondu le chemin vert de
Fillon et la *Bissêtre* : « Le chemin vert dont le nom (?) a
survécu à bien des révolutions, était à une époque fort
éloignée la grande voie de communication entre les ré-
gions situées au-delà de Niort et les côtes de l'Océan....
Confondu avec le chemin des Sauniers venant de Poitiers
(Chevalerel), ils traversaient ensemble les Loges, la
grande rue et la rue Benjamin Fillon.... Le chemin vert
ne passe point à Puy-de-Tard, mais au vieux pont de
Niort.... » (2)

M. Brochet estime cependant que le pont de Niort, par
lui découvert, avait trop d'importance pour n'être point
destiné à une voie romaine, titre auquel ne peuvent prétendre ni Chevalerel, ni le chemin vert de Fillon, où la
prendra-t-il si sous le masque du chemin vert, il ne retrouve point la Bissêtre ? (3)

Fillon s'était contenté de dire que le chemin des Sauniers et le chemin vert étaient antérieurs à la conquête;
après la découverte du pont de Nieul, M. Brochet a pu
penser *avec raison* que les deux voies se réunissant à ce
passage avaient été améliorées et utilisées par les Romains.

En somme, M. Brochet a été autorisé à diriger une
voie romaine sur Fontenay, mais il s'agit de la *Bissêtre*
qui passe à Bredoux, Chauray, Echiré, Saint-Maxire et
Villiers, points où elle a été reconnue dès 1840 et qui
excluent toute idée de direction sur Niort. Aussi n'a-t-elle

(1) Poitou et Vendée, Fontenay, p. 7.
(2) Congrès arch. de Poitiers, 1903, 189-190.
(3) Rev. ill. des prov. de l'O., 1890, t. II, p. 137.

rien à faire avec le chemin *vert* de Fillon qu'il conduit de Niort par Sérigny, Lesson, etc., auquel on peut dénier toute importance là où son tracé est étranger à celui de la voie romaine (bissetre).

Fillon ne niait pas cependant l'existence d'un autre chemin venant de Niort par Benet (?) et Oulmes, mais il le jugeait beaucoup moins vieux que le chemin *vert*. Sans songer nullement à faire de ce nouveau chemin une voie romaine, on peut croire qu'il y avait dans la paroisse de Benet une voie fort anciennement pratiquée comme en témoignent les rippes découverts par M. Brochet dans la propriété de M. Tristant (1), dont la situation ne nous est pas connue.

Benet, il est vrai, ne se trouvait pas sur le vieux chemin de Fontenay, mais plus au sud, à une distance appréciable. Au-dessous du vieux chemin de Fontenay qui déjà laisse au nord la route royale actuelle, s'embranchait le chemin de la Barrière allant à Benet et de Benet à Niort (2).

Fillon avait lui-même signalé au midi du vieux chemin de Niort à Fontenay, d'après un aveu de 1529, les tènements des champs Normands, de la Tombe aux Normands, de la Bataille (3) et plus loin, près d'Anjuge, de gorge Bataille (4). E. Roy a ajouté à ces curieux lieux dits la Vallée de la Sanguinière et le Sentier aux Lâches. C'est là, d'après Fillon, que les comtes de Poitou et d'Herbauge battirent, en 833, les Normands débarqués au port de Brouillac (5).

(1) Louis Brochet, *Les gallo-romains du pays de Maillezais*. Vannes, impr. de Lafolye, 1891.
Id. *Revue du Bas-Poitou*, 1891, p. 28
(2) Cadastre de Coulon, section A.
(3) Commune de Coulon.
(4) Benet, section G.
(5) Commune de Coulon, au nord de la Sotterie. *Pollon* et *Trodes*, marais du Mazeau.

Sur le bord même du chemin de Fontenay, on trouve, commune de Saint-Remi, un autre fleuron de la Bataille, se rapportant à un fait de guerre oublié.

Nul doute que les bandes armées ne suivissent un chemin bien connu, depuis longtemps pratiqué par les populations riveraines et qu'il en fut évidemment ainsi jusqu'au jour où l'autorité royale commença à s'occuper de la grande voirie.

Un État des chemins du Poitou, dressé par Androuet du Cerceau en 1611, a été publié dans les Archives historiques du Poitou (1). On y trouve le devis des réparations faites et qui sont nécessaires à faire sur le chemin à aller de Niort à Fontenay-le-Comte et Maillezais.

Le pont d'homme (Oulmes), jeté sur l'Autise à une époque restée inconnue, était de 8 arches, 6 grandes de 9, 8, 7 et 6 pieds d'ouverture et 2 petites de 4 pieds. L'arche la plus élevée n'avait pas moins de 11 pieds de haut, les autres « baissant au niveau des terres ». L'envasement, le mauvais état du pont, l'absence de parapets et le peu de largeur du tablier — 6 pieds comme à Neuil — (2) dénotaient son antiquité. L'ancien chemin de Fontenay, remplacé fort tardivement par la route royale, a conservé partout son nom. Il se détache aujourd'hui au bout de l'avenue de Fontenay, à l'ancienne chapelle de Recouvrance, à gauche de la route actuelle, et s'élève en sortant de la commune de Niort sur le versant sud de la butte de Saint-Hilbert pour côtoyer ensuite la route nationale au midi jusqu'à Oulmes et l'atteindre une fois seulement au niveau de ce bourg. Il est tracé d'Oulmes à Fontenay sur la carte de Cassini, ce qui permet de reconnaître que le pont réparé

(1) T. XXXI, 333.
(2) Nous ne renouvellerons pas ici les observations déjà faites à l'occasion du pont de Neuil, sur l'étroitesse probable des véhicules qui s'aventuraient sur ces tabliers de 2 mètres.

en 1611 était au sud et fort près de celui qui fut établi pour la route royale.

Après l'Autise, il passe à Fraigneau-le-Sec. laisse Tesson un peu au nord, la Ruine au sud et se confond ensuite jusqu'à la porte de Niort avec la route royale. Avant sa création, il tendait, comme tous les chemins venant de l'est, vers la porte de Parthenay.

Ainsi, avec le chemin Chevaleret au nord, le chemin de Niort à Fontenay au sud et la Bissètre dans l'intervalle, le chemin *vert* de Fillon serait un 4e chemin tendant de Fontenay vers l'est. Nous avons humblement trouvé le nombre de ces chemins trop élevé, de même que le tracé par *Sérigny et Lesson* nous paraît des plus improbables.

CHEMIN DES MARCHANDS,
de Fontenay-le-Comte à Parthenay
Chemin au Marchand
Chemin de la Lande à Saint-Pompain
Vieille voie

> Par tout l'univers, on trouve le chemin.
> (Gabriel Meurier, Trésor des Sentences. 1568.)

Ce chemin nous ramène une dernière fois, à la porte de Parthenay à Fontenay, au bout des Loges, qui porte toujours son ancien nom, et fut, comme on l'a déjà dit, jusqu'à l'ouverture de la route royale, le point de convergence, à Fontenay, de tous les chemins venant de l'est.

Il garde sur tout son parcours le nom de chemin des Marchands, Fillon cite le chemin de Parthenay (1), sans donner aucun itinéraire.

(1) Hist. de Fontenay, I, p. 74.

— 40 —

L'attention d'Amédée Gouget s'était portée sur ce chemin à la suite de la découverte, aux archives des Deux-Sèvres, d'une pétition adressée au Préfet, le 2 mai 1824 (1), par Alexis Proust, marchand de chevaux, hôte de l'auberge de Saint-Pierre à Saint-Marc-la-Lande et maire de cette commune (2), où il est parlé du *chemin des Marchands* qui passe à Châtellerault, Leneloitre, Mirebeau, Vouzailles, Parthenay, *La Lande*, Bécelcuf, Saint-Pompain et Fontenay, pour aboutir aux Sables d'Olonne. Proust demandait que l'administration s'intéressât à ce chemin dont peut-être il exagérait l'importance dans son argumentation *pro domo*, toutefois il est évident qu'il mentionne l'un des parcours les plus pratiqués par les marchands de chevaux et autres commerçants de sa clientèle.

Peut-être ce long itinéraire paraîtra-t-il moins extraordinaire quand on saura que Jean de Berry, venant de Châtellerault, Leneloitre et Mirebeau, passa le 4 mars 1374 à La Lande et à Champdeniers, se rendant à Niort où on le retrouve le surlendemain. Dans son voyage de re-

(1) Cette pièce ne se retrouve plus.

(2) Avant la Révolution, le chef-lieu se trouvait au bord *oriental* de la paroisse sur un autre chemin de Champdeniers à Parthenay, vendu plus tard comme inutile. On a rencontré près de là les restes de maisons détruites par la guerre au Moyen-âge. On a découvert dans les fondations de l'église des moëllons de *petit appareil*, à losanges imbriqués. En 1789, l'église et le presbytère n'avaient aucun voisinage. Le presbytère, vendu nationalement, devint la petite ferme de *Saint-Marc*. L'église et le cimetière n'ont été aliénés que tardivement. Rien ne subsiste plus de l'église.
Un gros village s'était formé autour de la maison des Antonins, située sur la limite *occidentale* de la circonscription rurale. Il devint le centre de la commune qui remplaça la paroisse et conserva son nom de Saint-Marc-la-Lande. C'est là que se trouvait l'auberge de Saint-Pierre sur le seul des anciens chemins de Champdeniers à Parthenay qui subsiste aujourd'hui. — La route actuelle par Mazières et Saint-Pardoux date du second Empire. — La commanderie de Saint-Antoine-de-la-Lande avait aussi été vendue nationalement. Pendant plusieurs années, on dansa sur les voûtes de la magnifique chapelle, les jours de ballade à la Lande. On vit même les chasseurs en goguette abattre à coups de fusil les statuettes de la grande porte. Les voûtes s'étaient écroulées lorsque la chapelle fut donnée à la commune pour servir d'église paroissiale. On employa pour reconstituer le pavage détruit, les dalles de la vieille église de Saint-Marc, dont on retrouve encore quelques moëllons de petit appareil dans le mur qui clôt au nord le tour d'échelle.

— 41 —

tour, il part de Niort le 27 mars et de Parthenay le 29, le 30 il est à Mirebeau et à Châtellerault (1).

Comme on le voit, de cet énorme parcours, on ne parlait plus à Fontenay que de la portion comprise entre cette ville et Parthenay, et encore le trajet, après La Lande, appartenait-il à la fois au chemin des Marchands et à celui de Champdeniers à Parthenay par La Lande. L'auberge de Saint-Pierre se trouvait au point où la voie venant de Fontenay venait se confondre avec le chemin de Niort à Parthenay par Champdeniers figuré sur la carte de Cassini (2) et qu'il est dès lors inutile de décrire (3). Notre étude se réduira donc à l'itinéraire de La Lande à Fontenay.

Les notes de Gouget nous apprennent que le *chemin des Marchands* passait à la Vesquière de Surin et aux Trois

(1) Arch. hist. du Poitou, XIX, p. LXII.

(2) Le chemin de Niort à Parthenay par Mazières figure aussi sur la carte de Cassini.
Quelle fantasmagorie ! Tous ces chemins étaient encore à l'état de sol naturel dans ma jeunesse.

(3) Pendant longtemps, ce chemin de Niort à Parthenay par Champdeniers et La Lande figure dans les itinéraires historiques.
Du 23 au 26 mars 1487, Charles VII est à Niort ; le 28, il signe une ordonnance à La Lande.
Le 20 sept. 1565, Charles IX venant de Niort, dîne à Echiré et va coucher à Champdeniers, il en part le lendemain pour aller dîner à Baubarre, paroisse de Saint-Pardoux, et passe près de Parthenay sans s'y arrêter.
Le 4 octobre 1569, lendemain de Moncontour, Coligny en déroute traverse Champdeniers.
Le 7, le duc d'Anjou et son armée victorieuse prennent gîte à Champdeniers où on le trouve jusqu'au 9. Bientôt après arrivaient le roi, la cour et l'escadron volant allant au siège de Saint-Jean-d'Angély.
Le 18, Charles IX couchait à Parthenay, le 19 il dînait à Saint-Pardoux et couchait à Champdeniers et le 20 à Niort.
Le 17 mai 1573, 20 enseignes de Suisses, allant au siège de La Rochelle, couchent à Champdeniers.
En avril 1574, l'armée royale, sous les ordres du duc de Montpensier, venant aussi de Parthenay, passe à Champdeniers *tirant sur Fontenay* pour l'assiéger.
Au commencement de 1585, Condé se porte sur Champdeniers.
Le 1er janvier 1569, Malicorne passe à Champdeniers, se repliant sur Parthenay après la prise de Niort par les Huguenots.
Du 8 au 10 août 1620, les Huguenots de Soubise, qui vont défendre Saint-Jean-d'Angély, séjournent à Champdeniers.
Le 8 octobre 1627, Louis XIII, venant de Thouars et de Parthenay, passe à Champdeniers, se rendant au siège de La Rochelle. Après la prise de cette ville, il couche à Niort le 19 octobre 1628 et à Parthenay le lendemain, etc., etc.

moulins de Bécelœf. On le trouve désigné sous le nom de chemin de La Lande à Saint-Pompain dans une déclaration de 1646 (1).

En se détachant à La Lande du chemin de Niort à Parthenay, le chemin des Marchands se rend à la Croix Bataille, à la Fontinière — ferme où l'on découvrit, il y a 60 ans, dans le sol du principal appartement, un important trésor remontant à la guerre de cent ans, — traverse la route stratégique au moulin de Baradeau, passe à la Bougrie — amas de scories provenant d'une forge à bras du Moyen-âge, — puis aux Essarts et débouche à la Vesquière sur la route de Saint-Maixent à Fontenay dont il ne suit pas le tracé sur ce point.

On le rencontre ensuite à la Barre Gallèfre de Vermenie, à peu de distance du Châtelier, il tombe aux Gabauges dans la route de Saint-Maixent à Fontenay avec laquelle il se confond jusqu'à Fougère. En quittant la route, le chemin des Marchands descend à La Roche et au Chaigne Rond, suit un instant le chemin entretenu de Bécelœf à Saint-Pompain qu'il laisse pour couper le chemin de la Corde (2), puis ceux de Chambron à Faye, de Faye à Bloué et de Chambron à Monzay.

De là, le voyageur pouvait gagner directement Saint-Pompain par la Moulinette, le Colombier et les Alleux, s'il ne préférait rejoindre le chemin Chevaleret peu distant et d'un parcours moins accidenté. Quel que fût le choix, les deux chemins, réunis après Saint-Pompain, se dirigeaient vers la porte de Parthenay à Fontenay.

Nous avons vu que Fillon concède un itinéraire, peut-

(1) Papiers Esperon de Beauregard, autrefois mêlés avec les titres de la Grand'Fougère. Archives de la Vienne. Doc. non classés.

(2) Le chemin de la Corde part de Chambron et se dirige vers l'est ; il prend le nom de chemin de Peignard, puis de Préneuf, après avoir traversé le chemin entretenu de Bécelœf à Epannes et arrive au Poteau de Faye-sur-Ardin. C'est un second chemin de Chambron à Faye plus direct qui dessert Epannes. Ce nom de Corde assez fréquent indique un barrage ou barre.

— 43 —

être plus direct, par Ardin, Arty, Ardenne et Charzay, à
son chemin des *Sauniers venant de Poitiers* — auquel il serait plus rationnel de restituer son nom de chemin Chevaleret — qui passe en réalité beaucoup plus au midi.
Le tracé donné par Fillon pourrait à la rigueur passer
pour une variante du chemin des Marchands qui, après
Béceleuf, aurait suivi la *voie d'Ardin* déjà mentionnée (1).

Des embranchements pour le service des localités voisines rayonnaient autour de ces vieux chemins à long
parcours. C'est ainsi qu'à Cours la *vieille voie* atteint le
chemin des Marchands au nord à la Croix Bataille et au
sud-ouest à la Vesquière, suivant qu'on se dirigeait sur
Parthenay ou sur Fontenay (2).

Parfois ces diverticules prenaient le nom de la voie
principale. Dans une déclaration de 1607, le chemin des
Marchands est nommé de *Champdeniers* à Béceleuf (3).
Dans une autre de 1616 (4), ce chemin est dit de *Poitiers*
à Fontenay, et ce fait ne manque pas d'intérêt. On sait
que la carte de Cassini donne le tracé d'une foule de
chemins encore à l'état de sol naturel au commencement
du second Empire. Il en est un allant de Saint-Maixent à
Champdeniers, localité après laquelle disparaît toute indication. Ce chemin de Saint-Maixent venait indubitable-
ment de Poitiers comme le démontre la suite du tracé.

Or, *l'État de l'Élection de Saint-Maixent* en 1698 (5) nous
montre les troupes dirigées sur la Bretagne suivant le
chemin de Saint-Maixent à Champdeniers. Il y avait à se
demander où elles passaient ce bourg franchi. La décla-

(1) Voy. Voie de Saintes à Angers *in fine*.
(2) Parallèlement à la vieille voie un aqueduc gallo-romain encore en place
conduisait l'eau de la belle fontaine de la Vergne vers un point indéterminé,
voisin du cimetière de Cours.
(3) Papiers Esperon de Beauregard. L. c.
(4) Ibid.
(5) Mém. de la Soc. de statistique, 2e série, XIII.

ration de 1646 prouve qu'elles continuaient leur route sur le chemin des Marchands (1).

Nous avons vu que les chemins des Sauniers sillonnaient tout le pays, faut-il s'étonner qu'un *autre* chemin des Marchands existe en Saintonge ? (2) C'est par lui qu'arrivaient les innombrables maringotes chargées de morues vendues à la foire de la Foye-Monjault du 25 octobre où l'on fixait le cours du vin tout en mangeant beaucoup d'huitres.

On en cite plusieurs autres.

GRAND CHEMIN DE XAINTRAY A NIORT
(M. Léonce Cathelineau)

Chemin de Niort à Bressuire

« En voyage, la nécessité même des chemins coupe les propos. »
Montaigne. *Les Essais.* L. III, chap. V.

Ce chemin peut être suivi jusqu'à Secondigny, il traverse le *chemin des Chaussées* (3), passe au Retail et au terrier Piscaut, à la Croix de la Huche, traverse un affluent de l'Autise à la Planche de la Route (4). tend à la Forge

---

(1) On ne se reconnait guère au milieu de toutes ces indications : *La grand guide des chemins de France*, Rouen, Clément Malassis, 1658, *donne cet autre itinéraire de Poitiers à Fontenay* : Poitiers, Airvault, Parthenay, Azay, Vernoux, L'Absie, Breuil-Barret, La Chataigneraie, Vouvent, Mervent, Bourneau et Fontenay. (Avril de la Vergnée. *Gistes et repues en pays de Poitou.* Mém. Soc. de stat., 1re série, X, 115.) *La grand guide*, de Charles Etienne, 1552, n'est conforme à cet itinéraire que de Parthenay à Fontenay et nous ne croyons guère qu'on ait jamais passé par Airvault pour aller de Poitiers à Parthenay.

En 1552, Airvault était sur le trajet de Chinon à Parthenay par Montcontour.

(2) Cet autre chemin des Marchands passait à l'est de Saint-Symphorien. Mém. Soc. de stat., 1re série, V, 93.

(3) Voie romaine de Rom à Nantes.

(4) De l'Autise au chemin de la Vesquière existe un chemin vert portant ce nom de *route*.

Bertin, délimite la commune de Surin à l'ouest en coupant la route de Saint-Maixent à Fontenay entre le Moulin de Rainard et le Buisson des Ombres, puis en allant à la Croix des Bourses et à celle de la Garde, passe près du Tail et à l'ouest des Alleuds, prend, en arrivant au Bois Picot, où il coupe le chemin Chevaleret, le nom de chemin de *Coupe Gorge*, arrive à la Couture de Saint-Maxire et se perd à Quatre Vaux dans le chemin entretenu de Champdeniers à Niort.

Sur cette dernière route s'embranche, en face de Sciecq, un chemin vert qui va au Genet, à Serigny, à Girassac, à Buffevent et à la Tiffardière où existait un port d'embarquement pour le bois de marine. M. Léonce Cathelineau considère cet embranchement comme l'un des prolongements du chemin de Xaintray.

Le chemin de Xaintray, très rectiligne, passe à côté des agglomérations rurales sans les desservir et borne souvent les communes; près de lui, des gisements gallo-romains sont à citer : Champ Feroux, les Épinoux, la Garde.

Il paraît avoir mis en communication Niort et le port de la Tiffardière avec la forêt de Secondigny. C'est le rôle du chemin Charbonnier entre les bois d'Arpentéreaux et la Saintonge vu le chemin de Fors (1) qui le continue de l'autre côté de la Sèvre (2).

(1) Il s'agit ici d'un embranchement du chemin Charbonnier, *et en portant le nom*, qui se détache en face de Fonlvérines, de la voie d'Etrées, passe à Creuse et traverse la Sèvre aux ponts de François.

(2) Près du chemin Charbonnier, on trouve, commune d'Augé, la ferme de la Tavelière où la carte de Cassini indique un *fort anglais en ruine*. Ce point, dominant tous les alentours, n'est plus indiqué que par un *large puits* en partie comblé. La Tavelière n'a été longtemps qu'une grande lande : lorsqu'on y creusa des fossés destinés aux enclos mis en culture, beaucoup d'armes brisées furent découvertes. Il y aurait donc eu un combat en cet endroit.

Ce renseignement fut transmis à feu Ch. Arnauld par le curé d'Augé à l'occasion de son enquête près des desservants des paroisses dont aucune pièce ne figurait dans ses papiers lors de son décès.

Sur le bord d'un coteau élevé, près de Tavelière, est le tènement de *Mont Damas*, riche en poteries samiennes. Ce nom de Mont Damas est assez analogue au vocable romain du Puy-de-Dôme.

Bull. Soc. de stat., t, II, 233.

Cependant, je trouve dans mes notes l'indication d'un chemin de *Niort* à Bressuire par Xaintray, Puychenin, La Retail et Secondigny, variante évidente du tracé ci-dessus du chemin de Xaintray. Ce chemin de Bressuire est sensiblement plus court que celui de la carte de Cassini par Coulonges.

Gouget cite les auberges de Xaintray.

CHEMIN DES PÈLERINS
dit aujourd'hui du Coudray (Salbar)

Le chemin des Pèlerins par lequel on va de Niort au château du Coudray (Salbar) est mentionné dans le registre des aveux rendus à Jean de Berry de 1402 à 1412 (1) dit Grand Gauthier en souvenir du pouillé de Gauthier de Bruges, évêque de Poitiers, mort vers 1306.

C'est aujourd'hui le chemin du Coudray. Il se détache de la route stratégique à Chizon, coupe le chemin Porcelier à la Croix Guillemet, passe au Bouchet en laissant Bois Berthier à l'ouest, franchit la Bissètre et le chemin de Couhé à Saint-Pompain et se poursuit par Château Gaillard (2) et Milan (3) jusqu'au pont du château Salbar où il traversait la Sèvre.

Comme le château Salbar, pas plus que Ternanteuil, ne peut avoir offert un but de pèlerinage, il est évident que ce chemin se continuait sur Breuilbon où les pauvres et les malades étaient reçus à l'aumônerie de la Barre, puis sur Germond et Champdeniers, mais on ne le connait plus au nord de la Sèvre.

(1) Archives de la Vienne.
(2) Tuiles à rebords et cercueils de pierre au tènement du Four au carrefour du petit chemin *vert* venant d'Echiré.
(3) Autre gisement gallo-romain (Alfred Richard).

Le chemin du Coudray pourrait bien avoir été plus souvent suivi, pendant la guerre de cent ans, par les troupes anglaises et françaises que par les pèlerins de Saint-Jacques.

L'aumônerie de Breuillbon disparut dès le xvi° siècle.

CHEMINS DES MEUNIERS

L'établissement des barrages sur la Sèvre pour les moulins ne peut être antérieur à 848, année où nous voyons les Normands remonter sur leurs bateaux jusqu'à Saint-Maixent pour aller piller l'atelier monétaire de Melle. Nous avons même dit qu'en 853 ils débarquaient encore au port de Brouillac, près de Coulon, et se faisaient battre dans les plaines voisines. On ne sait au juste quand cessèrent chez nous leurs incursions fluviales.

La tradition attribue au moulin de *Compéré*, commune de Sainte-Pezenne, l'honneur d'avoir été le premier qui fut construit sur la Sèvre, mais on ne pourrait affirmer qu'elle soit fondée.

En l'an mil, il en existait une foule d'autres. Bientôt, les plus humbles cours d'eau furent envahis, il en fut même mis aux chaussées des étangs. On croit que les moulins à vent ne sont pas antérieurs aux croisades. Moulins à vent et moulins à eau ne pouvant suffire aux populations éloignées de la Sèvre, ses meuniers *chassaient* fort avant dans les terres (1). Il n'est donc pas étonnant qu'il aient laissé leur nom aux chemins qui leur permettaient d'aller chercher le blé et porter la farine sur des points souvent très distants de leurs moulins.

(1) Il se débite aux marchés de Niort des blés pour les paroisses de la campagne de 4 à 5 lieues des environs. On sait ce qu'étaient les anciennes lieues. État de la situation présente de l'Election de Niort, 1723. Mém. Soc. de stat. des 2-S., 3° série, t. III, p. 143.

Il y a un chemin des *Meuniers* de Benet à Saint-Remi (1).
On trouvait des moulins jusque sur le bord du marais.
N'avions-nous pas le *vieux moulin* sur le bras inférieur
de la Sèvre, au-dessous de l'île de Magné ? Ce moulin est
depuis longtemps disparu, mais un autre, tout au milieu
du bourg de Coulon, a subsisté jusqu'au commencement
du dernier siècle.

Saint-Maxire a son chemin *Mouneret*, Mounerin et même
Mondrin, des Habites à Faye-sur-Ardin.

Le chemin *Mollier* de Saint-Pompain à Niort pourrait
bien être encore un chemin *Meuneret* (2). On en trouve-
rait beaucoup d'autres si la plupart des anciens *Saunerets*
n'avaient conservé leur nom quoique les sauniers les
eussent peu à peu abandonnés aux seuls chasserons (3).

En nous éloignant un peu de la région plus particulièrement étudiée, on trouve le chemin par où se transpor-
tait aux ports de l'Océan le célèbre minot sorti des usi-
nes de la haute Sèvre. Ce chemin, qui est encore, pour
Jules Richard, un ancien *Sauneret*, serait allé, toujours
d'après lui, de Bagnault à Niort par Mougon (4).

Il arrive que l'origine des noms est difficile à retrouver, nous avons à Saint-Maxire le chemin de la *Vète*, du
carrefour de Quatre Vaux à Saint-Remi, réduit aujour-
d'hui à l'état de simple sentier. Faut-il y chercher le
souvenir d'un terrain autrefois soustrait à la vaine pâ-
ture comme les forêts, les defends et les garennes ?
Vète viendrait en ce cas de *Vetare*. On dit, dans les Pyré-
nées, qu'il en était ainsi pour le mont *Bédat* qui domine
Bagnères-de-Bigorre. Un vers célèbre de Scaliger nous

_____

(1) Le chemin de Barrasac sur Saint-Remi serait-il un autre chemin des
Meuniers ?

(2) Meunier se dit en basse latinité *Molinarius* Il y a moins loin de Molinarius à Mollier que de Mouneret à Mondrin.

(3) Le chasseron est le roulier du meunier.

(4) Jules Richard. Une promenade de La Mothe à Bagnault. Mém. Soc. de
stat. des 2-S., 1re série, XIV.

apprendrait au besoin que le B remplace souvent le V dans le langage populaire :

Beati populi quibus Bibere est Vivere.

et D pour T n'est pas plus contestable.

Nous avons déjà dit ce qu'il fallait penser des tracés figurant à la carte de Cassini, ce n'était partout hors des grandes lignes — et encore — que ces affreux chemins *verts* améliorés seulement sous le second Empire. Pourtant le Moyen-âge avait eu parfois ses *voyers*. Leur action, comme nous l'avons encore dit, semble s'être surtout portée sur les ponts les plus indispensables (1). Partout ailleurs, les voyageurs sont arrêtés par les crues au passage des plus humbles cours d'eau, jusqu'à la fin de l'ancien régime, comme en témoignent les registres judiciaire. Après 1789, les carrosses des anciens seigneurs rejoignant leurs châteaux n'y parvenaient encore qu'à grand renfort de bœufs, mis en flèche.

Pour ce qui est des grandes lignes, n'avons-nous pas pour celle de Paris à Bordeaux les péripéties du retour de Guyenne de Louis XIII après son mariage (2), le passage de Philippe V allant ceindre la couronne d'Espagne en décembre 1700 (3).

Que deviennent après cela tous ces longs itinéraires mentionnés sur la foi des auteurs — et nous aurions pu en citer bien d'autres plus extravagants encore — rien

---

(1) Les ponts d'Echiré furent refaits en 1565 à l'occasion du grand voyage de Charles IX.

À Niort, celui du Lambon se fit aux frais de la ville pour faciliter le passage du carrosse de l'intendant de Villemontée dont il a gardé le nom. 1642.

(2) Eusèbe Castaigne. Aventures du retour de Guyenne. 17 déc. 1615-22 janvier 1616. Paris, Aubry, 1853.

(3) Voy. de Philippe V. Mém. de la Soc. de stat., 1re série, V, et Mém. de la Soc. des antiq. de l'O., 2e série, XIV.

En 1739, Louise Elisabeth de France, fille de Louis XV, épouse de l'infant Don Philippe, fils de Philippe V, traverse le Poitou en allant rejoindre son mari en Espagne. L'intendant Lenain, ayant eu à peine le temps de faire boucher les ornières, fait conduire sur le bord de la route les bœufs, mulets et chevaux des paroisses voisines pour porter secours aux équipages en cas d'accident. N. Gaillard. Géogr. hist. Mém. Soc. des antiq. de l'O., 1838, 161, n. 4.

que l'aboutissement de séries de chemins tout simplement à l'état de sol naturel à travers lesquels on finissait, *avec le temps*, malgré les fondrières et les cours d'eau parfois peu guéables, à atteindre le but (1).

Sur de plus courts trajets, il ne pouvait y avoir de classification comme pour nos chemins de grande, de moyenne ou de petite communication, à quoi cela eut-il servi en l'absence de toute subvention pour l'entretien (2). On leur donnait le nom des gens que l'on y rencontrait le plus souvent, sauniers, rue tu tu, charbonniers, porceliers, âniers, marchands, meuniers et pèlerins. Le vieux chemin gaulois de Poitiers à la mer, après avoir été longtemps *Sauneret*, n'était plus à la fin que le chemin *Chevaleret* ou des marchands de chevaux des foires de La Mothe, Saint-Maixent et Fontenay.

LE CHEMIN CHARBONNIER

L'impression de cette brochure touchait à sa fin, deux fois il avait été incidemment parlé (3) du *chemin Charbonnier* qui se substitua au moyen-âge à la voie romaine de court trajet détachée de la *Bissêtre* à Breloux, traversant le *chemin Chevaleret* et se terminant au nord au che-

(1) Les Romains eux-mêmes ne paraissent pas avoir eu beaucoup de souci de la vicinalité rurale. La Bissêtre et la voie de Saintes à Angers sont des chemins de grand parcours qui, si ce n'est pour Ardin, ne songent point à desservir les centres préexistants.

(2) L'ordonnance du 6 février 1776 divise les routes *royales* en quatre classes ayant en largeur 42, 36, 30 et 24 pieds.

Le bon entretien des routes royales qu'admirait Arthur Joung ne date guère en Poitou que de la fin du règne de Louis XV. Par contre, le voyageur Anglais constate partout le déplorable état des chemins vicinaux et des rues des villages. Turgot (Œuvres posthumes) ne s'exprime pas autrement.

« On eut à une certaine époque la mauvaise politique d'empêcher les villageois de se cotiser pour faire les travaux publics qui pouvaient les intéresser. On croyait à tort que ces dépenses particulières des villages nuiraient au paiement de l'impôt. » (A. Babeau. L. c. Livre IV, chap. II, p. 273, 4e éd¹⁰). Il est vrai de dire que la chose se passait en Champagne en 1687.

(3) Voy. Bissêtre, p. 17, n. 2 et chemin de Naintray, p. 45, n. 1.

— 51 —

min des Chaussées, sans que ce *chemin Charbonnier* eût été l'objet d'un article spécial. Un peu tardivement sans doute, il nous a paru urgent, pour éviter toute confusion à leur endroit, de résumer tout ce que l'on sait de cette voie secondaire, mais de réelle importance stratégique, unissant deux voies romaines de grand parcours et un vieux chemin gaulois — et de l'embranchement aussi connu aujourd'hui sous le nom de *chemin Charbonnier* qui traverse la Sèvre plus en aval, aux ponts de François, vis-à-vis du chemin de Fors.

Si le chemin de second ordre du *gué d'Etrées* est incontestablement d'origine romaine, on ne saurait lui demander la direction rectiligne qui serait le fait d'une grande voie, aussi ne faut-il pas s'étonner de le voir, après Boisragon, s'incliner fortement à l'ouest pour traverser le *chemin Chevaleret*. Il tend ensuite vers le nord et coupe à angle droit le chemin de grande communication de Saint-Maixent à Fontenay, à la Croix de l'Houmelière. On le retrouve à Esset, puis à la Tavelière, d'où il va côtoyer les bois d'Arpentéreaux en passant à Boucheuble, à la Maisonneuve et à la Commanderie de Saint-Remi, il se perd enfin au village du Grand chemin de Verruyes dans la voie de Rom à Nantes connue aujourd'hui sous le nom de chemin des Chaussées (1).

La présence du *château des Iles* dénote l'intention de protéger le passage de la Sèvre, il paraîtra non moins évident que le prétendu *fort Anglais en ruines* de la Tavelière, figuré sur la carte de Cassini en bordure de la petite voie qui passait au gué d'Etrées, était aussi destiné à interdire à l'ennemi l'usage de la communication ouverte entre les trois grands chemins de la région et l'on

(1) La vicinalité moderne a conduit le chemin venant du gué d'Etrées jusqu'à la route de Saint-Maixent à Mazières, à Château Gaillard, point au-delà duquel il n'en est plus parlé, ce qui prouve une fois de plus qu'il ne se prolongeait pas vers le nord.

voit qu'au cas très probable où elle ne fut donnée que par un *minus iter*, le soin pris pour s'en assurer la possession prouve qu'on attachait un grand intérêt à cette voie secondaire.

L'âge du *fort Anglais* (1) nous paraît déterminé par le gisement gallo-romain contigu de Mont Damas et c'est un argument sérieux en faveur de la contemporanéité du *château des Iles* où nous ne doutons pas que des recherches bien conduites ne fissent découvrir d'autres débris du temps des Césars.

Le nom de *chemin Charbonnier* donné au moyen-âge à la voie du gué d'Etrées ne fit oublier ni son point de départ ni son point d'arrivée et il en fut de même pour les deux forteresses qui la protégeaient. Lorsque nous visitâmes, Richard et moi, le *fort Anglais*, en août 1861, le jeune Magnou, fermier de la Tavelière, nous disait encore que le *chemin Charbonnier* quittait le *chemin des Chaussées* à Verruyes et aboutissait à Breloux, sans aucune mention d'un prolongement ultérieur, tant au nord qu'au midi. Il ajoutait enfin qu'on rencontrait à Breloux les ruines d'un autre fort analogue au fort anglais de la Tavelière, appelé le château des Iles.

Cassini a figuré un carré protégé aux angles par des tourelles. Il est difficile de savoir s'il s'agit d'une représentation conventionnelle, fait assez vraisemblable, ou si les ruines affectaient réellement cette disposition lorsque la carte fut levée. En 1861, on ne voyait plus qu'un précipice entouré d'un haut talus que le père de Magnou avait, dans la crainte que son bétail n'y tombât, fermé avec des troncs d'arbres au point où il commençait à se rétrécir, ce qui laissait subsister au-dessus du barrage une assez profonde dépression.

(1) Bien que les Anglais, comme les Sarrazins, se soient souvent vu attribuer des monuments de l'époque romaine, rien ne s'opposerait cependant à ce que la forteresse de la Tavelière eût été occupée par les Anglais.

Le fort Anglais est situé sur un point élevé dominant tous les alentours, aucune source n'existant sur ce sommet, il est à croire que le précipice n'est que l'orifice d'un puits profondément excavé. Peut-être s'y trouve-t-il, comme il arrive souvent, une petite *cache* ou refuge, et de là a pu venir la tradition d'un long souterrain débouchant dans la vallée de Fontbrune, qui aurait son entrée dans le gouffre.

Le terrain s'incline au midi de l'excavation où apparaît un remblai en demi-cercle haut de plusieurs mètres dans sa partie moyenne, mais beaucoup moins élevé à ses extrémités.

Lors de notre visite, en 1861, des ajones déjà vieux couvraient tout ce sommet, il fallut dès lors nous en tenir à des observations très sommaires. On remarquait des traces de sillons jusque sur les pentes du précipice. Magnou nous dit que lorsque son père vint à la Tavelière, ce n'était qu'une immense brande. Après y avoir tracé les clôtures dont les fossés donnèrent lieu aux découvertes d'armes déjà signalées et dont toute trace est perdue, il tint à honneur de faire passer partout la charrue, une véritable fantaisie la conduisit même jusqu'au bord du précipice, et telle est l'origine des sillons observés sur les talus.

On a déjà vu, pour d'autres chemins, le nom de la voie principale passer à des rameaux affluents. Il en est encore ainsi pour le *chemin Charbonnier*. Un second *chemin Charbonnier* se détache de la voie qui vient du gué d'Etrées en face de Fontvérines, passe à Creuse et traverse la Sèvre aux ponts de François au-delà desquels le chemin de Fors le conduit par Vouillé en Saintonge. Il y a donc bien, comme nous l'avons dit précédemment, *deux* chemins Charbonnier qui, après s'être confondus du chemin des Chaussées jusqu'au chemin Chevaleret, se séparent ensuite pour tendre l'un vers Bréloux et l'autre vers François.

Si la voie du gué d'Etrées eut seule une importance stratégique, après la conquête, il nous paraît difficile de décider si l'autre chemin Charbonnier remonte ou non à l'époque romaine.

On connaît le proverbe *Vieux comme un chemin*, peut-être n'y en avait-il pas beaucoup moins du temps des Césars, et je dirai même en Gaule, avant la conquête, que de nos jours. D'un autre côté, il n'est guère de pont qui n'ait été bâti sur un ancien gué et celui de François doit rentrer dans la loi commune ; or, la plupart des gués remontent fort loin dans le passé.

Nous sommes très disposé à croire qu'à côté des chemins passés à l'état de voie romaine ce qui les désigne plus particulièrement à notre attention, il en subsista une foule d'autres dont les conquérants se servirent comme les aborigènes, et tel a pu être le chemin Charbonnier des ponts de François.

Si le moyen-âge ne connut qu'une vicinalité fort précaire et n'entretint même pas les voies romaines, il ne faudrait pas croire que toute relation commerciale eût cessé. Les noms donnés aux mauvais chemins parcourus nous renseignent souvent sur la nature des transactions, celui qui fut donné aux deux chemins qui nous occupent montre clairement qu'ils servaient au transport du charbon des bois d'Arpentereaux.

Il n'eut à l'origine rien de spécifique et nos deux chemins Charbonniers sont à assimiler à la longue série des chemins dits des Meuniers, des Sauniers, des Marchands, des Pèlerins, etc.

Niort. — Imp. Coussilan et Chefrou.